Ingrid Retterath

Rheinland

Schlösser und Burgen

Wartberg Verlag

Texte
Ingrid Retterath

Bildnachweis
S. 5, 16, 18, 19, 35: Aurelia Retterath
S. 13 oben rechts: Stiftung Schloss und Park Benrath
S. 14, 15 oben rechts, 46: Klaus Strick
S. 40: gemeinfrei, Sammlung Duncker
S. 48, 49: Degenhard Neisse
S. 62, 63: Jean Paul Philippé
Alle anderen Fotos stammen von der Autorin.

Literatur

Bartsch, Frank: Erftstadt. Eine reiche Kulturlandschaft vor den Toren Kölns. Köln 2017
Bothien, Horst-Pierre und Strang, Erhard: Geheimnisvolles Bonn. Gudensberg-Gleichen 2003
Dietz, Heribert, Kloster und Hochschule in der Rheindorfer Burg in: Dominikaner in Walberberg. Köln 2014
Emsbach, Karl: Zons. Portrait einer alten Stadt, Hrg: Heimat- und Verkehrsverein der Stadt Zons e. V. Dormagen 2000
Europäisches Burgeninstitut der Deutschen Burgenvereinigung e.V.: Ebidat – Die Burgendatenbank, www.ebidat.de
Gierlichs, Hubert: Hackefey in: Rheinische Geschichtsblätter, dritter Jahrgang 1896/97, Nr. 4, Bonn, 1897
Grimm, Jacob und Wilhelm, Deutsche Sagen. Kassel 1816/18
Heinen, Sigrun, Landesburg Lechenich in: Rundbrief der Warburggesellschaft zur Erforschung von Burgen uns Schlössern e. V., Nummer 55, 2013
Klein, Ansgar, Thon, Alexander, Burgruine Drachenfels Königswinter. Regensburg 2. Aufl. 2014
Klug, Clemens, Die mittelalterliche Herrlichkeit Kendenich. Hürth 1972
Meinecke, Rudolf, Baugeschichte des Schlosses Paffendorf. Brühl 2001
Militzer, Klaus, Verwaltete Herrschaft – Die kurkölnischen Residenzen im Spätmittelalter. Köln 2019
Pause, Carl, Stitz, Martin, Striewe, Karin, Die Burg Erprath in Neuss-Weckhoven in: Novaesium Neusser Jahrbuch 2020
Pesch, Joseph, Die Vordereifel. Euskirchen 1901
Schock-Werner, Barbara, Burgen der Kölner Erzbischöfe. Köln 2017
Schmid-Engbrodt, Anja, Schloss Arff – Eine Maison de plaisance im Rheinland. Köln 2020

1. Auflage 2021

Layout und Satz: Christiane Zay, Passau
Druck: Rindt Druck, Fulda
Buchbinderische Verarbeitung: Buchbinderei S. R. Büge, Celle

34281 Gudensberg-Gleichen, Im Wiesental 1
Telefon: 0 56 03-9 30 50
www.wartberg-verlag.de
ISBN 978-3-8313-3307-3

Inhaltsverzeichnis

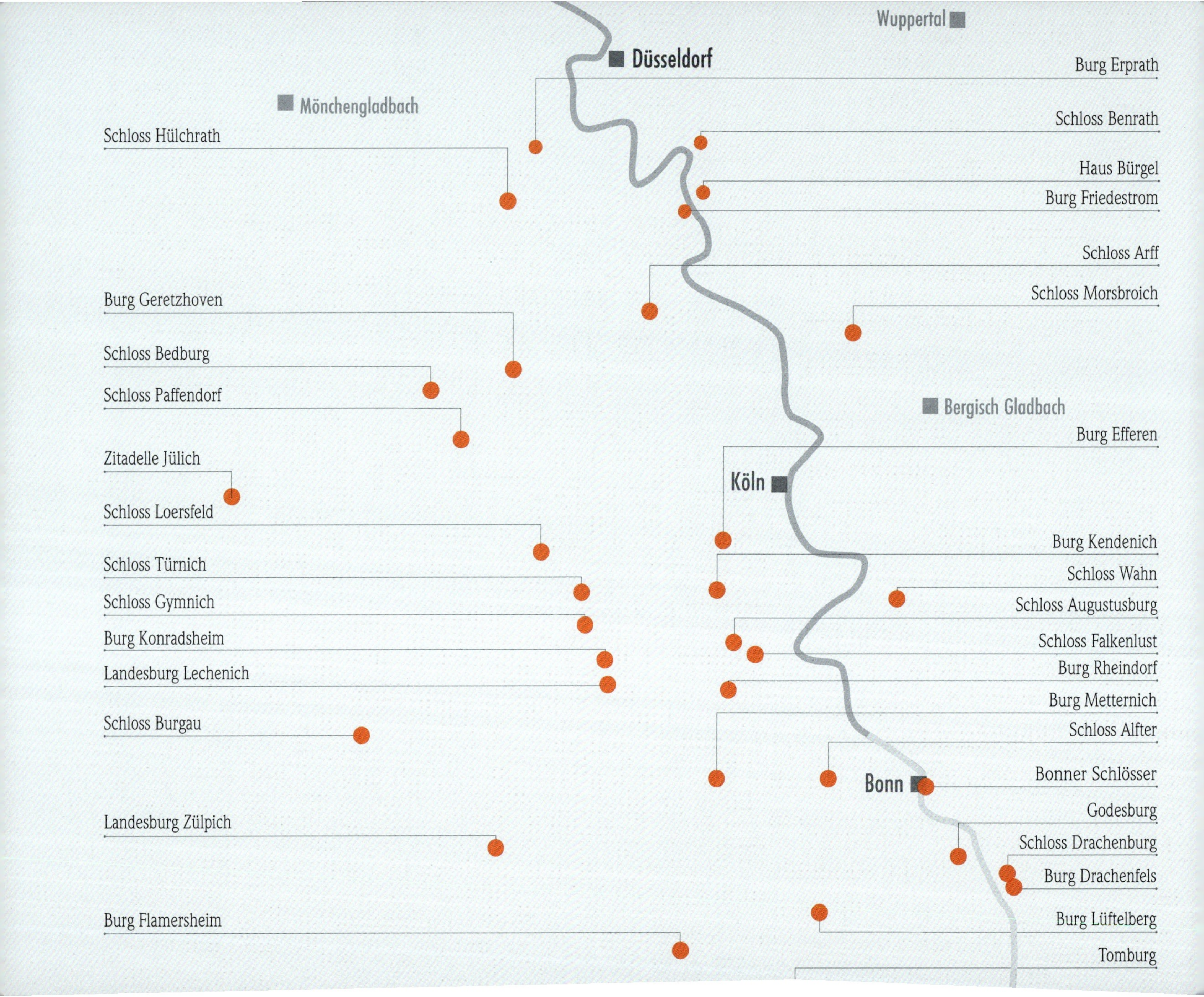

Wuppertal
Düsseldorf
Burg Erprath
Mönchengladbach
Schloss Benrath
Schloss Hülchrath
Haus Bürgel
Burg Friedestrom
Schloss Arff
Burg Geretzhoven
Schloss Morsbroich
Schloss Bedburg
Schloss Paffendorf
Bergisch Gladbach
Burg Efferen
Zitadelle Jülich
Köln
Schloss Loersfeld
Burg Kendenich
Schloss Türnich
Schloss Wahn
Schloss Gymnich
Schloss Augustusburg
Burg Konradsheim
Schloss Falkenlust
Landesburg Lechenich
Burg Rheindorf
Burg Metternich
Schloss Burgau
Schloss Alfter
Bonn
Bonner Schlösser
Godesburg
Landesburg Zülpich
Schloss Drachenburg
Burg Drachenfels
Burg Flamersheim
Burg Lüftelberg
Tomburg

Vorwort

Die Geschichte des Rheinlands ist von Krieg und Eroberungen geprägt. Die Kelten bauten zur Verteidigung Ringwälle um ihre Siedlungen. Die Römer sicherten ihre Handelsstraßen nach Aachen und Trier. Die Franken bauten Wehrburgen zum Schutz ihrer Klöstern.

Zeitweilig warb die Region sogar damit, mehr Burgen und Schlösser zu haben, als es an der Loire gibt. Das hatte einen guten Grund: Im mittelalterlichen Rheinland standen sich große Machthaber gegenüber, sie stritten um die Herrschaft über die fruchtbare Kölner Bucht und die wichtigen Handelsrouten am Rhein. Im Westen waren es die weltlichen Grafen (und späteren Herzöge) von Jülich. Zwischen Erft und Rhein befand sich der weltliche Besitz des Erzstiftes Köln. Doch in der Domstadt selbst lebten die Kölner Erzbischöfe in einem Streit mit der Bürgerschaft, der 1288 in der Schlacht von Worringen endete. Sie verloren im Stadtgebiet alle weltliche Macht als Kurfürsten und durften die Stadt nur in Ausübung ihres kirchlichen Amtes als Erzbischöfe betreten.

Die kleinen Adelsfamilien hatten keine Chance, ihre Selbstständigkeit zu verteidigen. Einige wurden vom Feind überrollt, andere schlossen Lehensverträge mit der einen oder anderen Macht. Wenn die männlichen Nachkommen fehlten, wechselten die Machtverhältnisse. Die Burgen dienten oft nur noch dem Machterhalt und wurden vom jeweiligen Herrscher gar nicht selbst bewohnt.

Mit der Verbreitung der Feuerwaffen im 15. Jahrhundert hatten die Burgen ihre Wehrfunktion verloren. Selbst verstärkte Mauern und eigene Kanonen konnten Angreifer nicht lange aufhalten, wenn sie mit Mörsern und Bombarden angriffen. Die Burgen hatten nun eher Wohnfunktion. Viele Wehrtürme und Bergfriede wurden zu Wohntürmen umgebaut, Wehrmauern fielen und Wassergräben wurden zugeschüttet. Die Fürsten ließen die wehrhaften Burgen zu pompösen Schlössern im Stil des Barock oder Rokoko umgestalten.

Die meisten Burgen und Schlösser im Rheinland trugen in den zerstörerischen Kriegen ab dem Ende des 16. Jahrhunderts schwere Schäden davon. Aus der Liebe eines Erzbischofs zu einer Protestantin entbrannte der Truchseß'sche Krieg (1583–1588). Danach überrollten der Dreißigjährige Krieg (1618–1648), der Pfälzische Erbfolgekrieg (1688–1697), die französische Besatzung unter Napoleon (1794–1815) und die beiden Weltkriege des 20. Jahrhunderts das Rheinland mit seinen Burgen.

Dennoch blieben so viele Schlösser und Burgen erhalten, dass die Auswahl nicht leicht war. Die Entscheidung für die 33 Bauwerke in diesem Band ist keine Entscheidung gegen die mehr als hundert anderen sehenswerten Burgen und Schlösser des Rheinlands. Ich habe mich bemüht, eine ausgewogene Mischung

Das Jagdschloss Falkenlust in Brühl mit Aussichtsplattform.

aus weltberühmten und eher unbekannten Gebäuden zusammenzustellen. Vom perfekt gepflegten Kurfürstensitz bis zur wildromantischen Ruine ist jeder Erhaltungszustand vertreten. Alle können von außen bewundert werden. Viele davon sind frei zugänglich oder dürfen im Rahmen einer Führung betreten werden. Andere werden als Museum, Eventlocation oder Restaurant genutzt, können also nur eingeschränkt von innen angesehen werden. Wenn sie noch bewohnt sind, geht das leider gar nicht. Außer vielleicht, wenn man selbst darin wohnt, denn einige wurden zu Schlosshotels umgebaut und öffnen ihre Tore für Übernachtungsgäste. Eine Anreise mit dem Auto oder öffentlichen Verkehrsmitteln ist nicht immer erforderlich. Viele Burgen können zu Fuß auf Fernwanderwegen und Pilgerwegen erreicht werden, außerdem führt das etwa 470 km lange Radwegenetz der Wasserburgenroute an etlichen Adelssitzen entlang.

Ich wünsche Ihnen eine schöne (Zeit-)Reise durch das Rheinland.
Ingrid Retterath

Schloss Alfter – Wo Barock und Kunst sich nahestanden

Eine erste Burg gab es auf dem Hügel über dem Herrenwingert wohl schon Ende des 11. Jahrhunderts, als der Ort unter dem Namen Alvetra erstmals urkundlich erwähnt wurde. Im Jahr 1117 tauchten die Herren de Halechtre in einer Urkunde auf, im späten 12. Jahrhundert hieß der Ort Alftera.

Sitz des Kurkölnischen Erbmarschalls

Ab 1188 hatten die Burgherren gleichzeitig das Amt des Erbmarschalls für Kurköln inne. Viele Jahre übten die Herren von Alfter diese Repräsentationsaufgabe aus. Nach dem Tod des letzten männlichen Erben wurde Ricarda von Alfter zur Herrin von Alfter. Sie heiratete 1418 Wilhelm II. von Wevelinghoven. Ricardas und Wilhelms gemeinsame Tochter Irmgard muss eine kluge Frau gewesen sein. Sie schloss 1433 die Ehe mit dem Grafen Johann VI. zu Salm-Reifferscheid und Dyck. Nach dem Tod ihres Vaters erlosch das Geschlecht derer von Wevelinghoven im Mannesstamm. Ihr Gemahl erhielt die Herrlichkeit Alfter und das Amt des Erbmarschalls, aber erst nachdem er ihrer Familie ein gutes Auskommen gesichert hatte.

Aufgrund einer Fehde des Grafen Johann VI. zu Salm-Reifferscheid mit dem Kölner Erzbischof Ruprecht von der Pfalz wurde die Burg im Jahr 1468 durch einen Brand zerstört. Im Jahr 1507 brannte die Burg erneut nieder und wurde – wie schon nach der Zerstörung 1468 – notdürftig aufgebaut. Der Ort Alfter, das benachbarte Anna-Kloster und die Burg wurden 1583 im Truchseß'schen Krieg überfallen und komplett zerstört.

Graf Wilhelm zu Salm-Reifferscheid veranlasste 1721 den Bau eines Schlosses auf den Fundamenten der alten Burg, von der heute noch einige Mauerreste aus dem 12. Jahrhundert im Keller erhalten sind. Es entstand ein Barockschloss mit einem zweigeschossigen Zentralbau, der von zwei dreigeschossigen Türmen eingerahmt wird. Hinter der schlichten und symmetrischen Fassade erstreckt sich eine nahezu rechteckige Anlage, die hangseitig breiter ist als talseitig. Der Zugang erfolgte durch die dreiflügelige Vorburg und den Innenhof.

Kunst und Kultur im Schloss

Ab 1930 bewohnte Franz Josef Fürst zu Salm-Reifferscheid-Krautheim und Dyck mit seiner Familie das Schloss. Er öffnete es in den Jahren 1947 bis 1950 für kulturelle Treffen der Donnerstag-Gesellschaft. Diese offene Gruppe von Künstlern und Intellektuellen traf sich erstmals an einem Donnerstag, was die Namensgebung erklärt.

Im Jahr 1948 übernahm Fürst Franz-Josef den Mineralbrunnen im benachbarten Roisdorf unter dem Firmennamen „Roisdorfer Brunnen Fürst Salm & Co." in eigener Regie. Der Roisdorfer Brunnen war schon den Römern bekannt und im 19. Jahrhundert ein beliebtes Ausflugsziel. Nachweislich unternahm auch die Familie Beethoven sonntags gerne Ausflüge zum Roisdorfer Kurpark und erfrischte sich an dem Mineralwasser.

Franz-Josefs älteste Tochter Marie Christine Altgräfin zu Salm-Reifferscheid-Krautheim und Dyck hielt Alfter die Treue. Für ihre Trauung mit Peter Graf Wolff Metternich zu Gracht wählte sie 1955 die Pfarrkirche St. Matthäus in unmittelbarer Nachbarschaft zum Schloss. Auf dem Kirchenvorplatz wurden frische Tannenzweige ausgelegt und das Kircheninnere war mit Nelken und weißen Lilien geschmückt. Die Brautleute feierten anschließend ihre Hochzeit im Schloss Alfter. Der ganze Ort durfte an ihrem Glück teilhaben und sie ließen in den Alfterer Gaststätten Freibier und heiße Würstchen servieren.

Zeitweise war hier ein Teil der anthroposophischen Alanus Hochschule untergebracht.

Mit Franz-Josefs Tod erlosch das Geschlecht derer zu Salm-Reifferscheidt-Krautheim nach 900 Jahren, nachdem er sieben Töchter hinterließ, aber keinen männlichen Erben. Die Familie verlegte ihren Lebensmittelpunkt in das Schloss Dyck. Nach dem Auszug der Adelsfamilie erlebte Schloss Alfter eine wechselvolle Geschichte. Der Lehrgruppe Psychologische Kampfführung der Bundeswehr folgten das Sozialwissenschaftliche Forschungsinstitut der Konrad-Adenauer-Stiftung und die Alanus Hochschule für Kunst und Gesellschaft.

Im Jahr 2008 ging das Schloss an Simeon Reichsgraf Wolff Metternich zu Gracht, der es seither von Grund auf renovierte. Ab 2015 diente es als Erstunterkunft für Flüchtlinge, heute befinden sich in der Vorburg Mietwohnungen und im Nebengebäude ein Kindergarten.

Informationen

Das Schloss kann nur von außen besichtigt werden. Die aussichtsreiche Heimatblickrunde ist 15,4 km lang und führt am Schloss entlang. Im Haus der Alfterer Geschichte neben der Kirche sind Alltagsgegenstände aus mehr als 2000 Jahren Regionalgeschichte zu sehen.

Kontakt

Schloss Alfter
Schlossweg 1
53347 Alfter

Schloss Arff – Lustschloss am Kölner Stadtrand

Ganz im Norden des Kölner Stadtgebiets, fast in Dormagen, steht ein hübsches Lustschloss mit bewegter Geschichte. Die Ähnlichkeit zum Brühler Schloss Falkenlust ist kein Zufall, denn beide Schlösser hatten denselben Baumeister.

Kurkölner Lehen

Bereits im Jahr 1366 wurde ein Goidartz van der Arffe in einer Urkunde des Kölner Erzstiftes als Lehnsmann erwähnt. Die Ritter van der Arffe waren über zwei Jahrhunderte treue und unauffällige Lehnsleute, bevor sie 1572 in der Manneslinie ausstarben. Durch seine Heirat mit Catharina von der Arff wurde Albrecht von Baexen neuer Burgherr.

Über das Aussehen der damaligen Brug ist nichts bekannt. Sie wurde mit großer Wahrscheinlichkeit im Truchseß'schen Krieg (1583–1588) zerstört. Ein Gutshof dürfte noch erhalten gewesen sein, jedenfalls wurde Catharinas und Albrechts gemeinsamer Sohn Johann von Baexen 1609 mit Arff belehnt. Seine Nachfahrin Maria Gertrudis von Baexen brachte das Haus 1639 in ihre Ehe mit Adam von Blittersdorf ein.

Maison de plaisance

Mitte des 18. Jahrhunderts verkaufte der letzte Erbe der Blittersdorfer die mittelalterliche Burgruine an die Gebrüder von Buschmann. Die beiden Kanoniker aus Köln beauftragten den kurkölnischen Hofarchitekten Michael Leveilly mit der Planung eines barocken Lustschlosses. Hier auf dem Lande wollten sie die Sommermonate verbringen, weit entfernt vom Lärm und Gestank der Innenstadt. Leveilly plante und errichtete alle Bauwerke und die Parkanlage zeitgleich. Damit erreichte er eine harmonische Einheit von Haupthaus, Vorburg und Park. Er ließ die zweiteilige Gartenanlage von einem Wassergraben einfassen, der aus dem Pletschbach gespeist wurde. Der Baugrund war sumpfig, deshalb wählte er als Fundament dicht beieinander stehende Eichenpfähle, die jeweils etwa einen Meter lang waren und einen Durchmesser von zwölf Zentimetern hatten.

Der Corps de Logis, also das Hauptgebäude, schließt mit einem hohen Mansarddach aus Schiefer ab. Mittig thront darauf eine Dachlaterne, die als Belvedere eine gute Aussicht ins Umland bot. Gemeinsam mit den Wirtschaftsgebäuden bildet es einen Innenhof. Die Nebengebäude setzen sich baulich deutlich vom Hauptgebäude ab, sie haben unverputzte Rohziegelfassaden und Satteldächer mit Dachpfannen.

Der Kurkölner Generaleinnehmer, Freiherr Geyr von Schweppenburg, kaufte das Schloss im Jahr 1803. Seine Nachfahren kümmern sich bis heute um das Schloss.

Kriegs- und Wasserschäden

Als in der ersten Hälfte des 20. Jahrhunderts westlich von Köln allerorts mit dem Braunkohletagebau begonnen wurde, war nicht vorherzusehen, dass dies sogar Auswirkungen auf ein Kölner Schloss haben könnte. Doch durch die mit der Auskohlung verbundene permanente Grundwasserabsenkung fiel das Sumpfgebiet trocken und der Pletschbach versiegte. Das Gebäude zeigte Risse und war einsturzgefährdet. Hinzu kamen Kriegsschäden, die Dächer und das Belvedere-Türmchen waren marode. In den 1950er- und 1960er-Jahren setzte der Regierungsbaumeister Band das Haupthaus instand. Das war mit großem Aufwand verbunden, denn die Eichenpfähle, auf denen das Gebäude ruhte, waren völlig verfault und mussten ausgetauscht werden. Ferner wurde der Putz mit den Stuckornamenten instandgesetzt und mit rosa und grauen Mineralfarben gestrichen.

Nach dem Tod von Christoph Freiherr Geyr von Schweppenburg und seiner Frau Carola im Jahr 2013 waren sich seine Erben einig, dass das Schloss Arff an jemanden gehen soll, der es wertschätzt und in der Familie hält. Die Wahl fiel auf seine Nichte Caroline Freifrau von Landsberg-Velen, geb. Freiin von Keyserlingk. Ihre Mutter, Sonja Freifrau von Keyserlingk, geb. Freiin Geyr von Schweppenburg, war Christophs Schwester. Gemeinsam mit ihrem Ehemann Friedhelm Freiherr von Landsberg-Velen kaufte Caroline das Anwesen. Ihr Sohn Christian Freiherr von Landsberg-Velen verantwortete die Renovierung des Schlosses und den Umbau zur Eventscheune von 2015 bis 2020. Mitte 2020 übernahm er den Familienbetrieb Schloss Dankern im Emsland und übergab die Verantwortung und Verwaltung von Schloss Arff an seinen Bruder Sebastian Freiherr von Landsberg-Velen.

Informationen

Das Schloss ist nicht öffentlich zugänglich. Seit 2020 sind im Schloss Arff Veranstaltungen wie Hochzeiten, Familienfeiern, Seminare und Lesungen für geschlossene Gesellschaften möglich. Im nahe gelegenen Altwaldgebiet Chorbusch lässt sich prima wandern. Hier floss der Rhein, bevor er sich vor etwa 10 000 Jahren sein neues Bett suchte.

Kontakt

Schloss Arff
Schloss-Arff-Straße 1
50769 Köln
Telefon 0221/92132660
www.schloss-arff.de

Ländliche Idylle in der MIllionenstadt Köln.

Vorburg und Corps du Logis.

Schloss Bedburg – Ritterakademie und Wasserschloss

Bedburg hat eine lange Geschichte. Bereits 893 taucht im Güterverzeichnis der Abtei Prüm der Name Betbure auf, im Jahr 1140 wird ein Ludolphus de Bethbure erwähnt. Die Herren von Bedburg bauten in dieser Zeit in den sumpfigen Erftauen eine Burg mit Tuffsteinmauerwerk. Vermutlich diente diese Niederungsburg als Sicherung für den Erftübergang.

Erzbischöfliches Lehen

Die Lage war strategisch bedeutsam und deshalb zwischen den Grafen von Jülich und den Erzbischöfen von Köln ständig umkämpft. Dabei kam es mehrfach zu Beschädigungen. Die Mannen des Kölner Erzbischofs Siegfried von Westerburg zerstörten die Burg 1278 nahezu vollständig. Erhalten blieben Reste der Tuffsteinmauern, die sich heute unter der Eingangshalle befinden.

Der Erzbischof vergab 1291 das Lehnsrecht an Johann I. von Reifferscheid. Dieser baute einige Jahre später eine neue Wasserburg im gotischen Baustil. Der fortschrittliche Bauherr wählte gebrannte Ziegel für die drei Bautrakte, die einen Innenhof umrahmten, während die meisten Burgen aus Holz und Naturstein gebaut wurden. Zwei rechteckige und zwei runde Türme gaben dem Bau die nötige Bewehrung. Nach dem Tod des letzten männlichen Erben kam die Burg durch Heirat in die Grafenfamilien von Limburg und von Neuenahr. Diese bauten um das Jahr 1550 zweigeschossige Laubengänge im Innenhof.

Im Truchseß'schen Krieg wurde die Burg 1584 erneut zerstört, die Grafen von Neuenahr verloren bei Kriegsende 1588 ihre Rechte an der Burg Bedburg. Sie konnten nicht verhindern, dass der neue Kölner Erzbischof Ernst von Bayern

dem Grafen Werner von Salm-Reifferscheid das Lehen übertrug. Dieser entschied sich beim Wiederaufbau für einen Neubau im Renaissancestil und erweiterte den Trakt im Südosten. Die rechteckigen Türme verschwanden und ein prächtiges Renaissance-Treppenhaus entstand.

Der „Werwolf" von Epprath

Im Jahr 1589 fand in der Folterkammer des Bedburger Schlosses die peinliche Befragung des Bauern Peter Stubbe aus dem nahen Epprath statt. Vorher hatten die Soldaten ihn einige Tage im Turmverlies eingekerkert. Ihm wurde vorgeworfen, über 25 Jahre lang Werwolferei betrieben zu haben. Unter der Folter gestand er alles, was ihm die Justiz vorwarf. Nach deren Auffassung hatte er vom Teufel einen Fellgürtel erhalten, mit dessen Hilfe er sich in einen Werwolf verwandeln konnte. Nicht etwa wegen der gestandenen Morde und Vergewaltigungen, sondern wegen Werwolferei, Zauberei und dem Zusammenleben mit einer Teufelin wurde er zum Tode verurteilt, gerädert und enthauptet.

Vielfältige Nutzung

Erst im Jahr 1791 endete ein Rechtsstreit der Häuser Neuenahr und Reifferscheid. Die Freude über das Obsiegen vor Gericht war nur von kurzer Dauer, denn mit dem Einmarsch der napoleonischen Truppen im Rheinland verlor die Familie von Reifferscheid das Schloss endgültig. Zwischen 1807 und 1814 bewohnten die Veteranen der französischen Armee das Schloss. Später war es ein Lazarett für Augenkranke. Die Rheinische Ritterschaft, eine Genossenschaft des rheinischen Adels, ersteigerte das Schloss im Jahr 1839. Es wurde um eine Kapelle und einen viergeschossigen Schultrakt für die adlige Erziehungsanstalt der Rheinischen Ritterakademie – den Vorläufer des heutigen Silverberg-Gymnasiums Bedburg – erweitert.

Die Gewerkschaftsunion Neurath übernahm das Schloss 1922 als Verwaltungszentrum. Bei dem Umbau wurden die Kreuzstockfenster mit den großen Schlagläden wiederhergestellt und das neobarocke Torhaus gebaut. Von 1924 bis 1939 beherbergte das Schloss ein Realgymnasium, von 1961 bis 1968 eine Realschule. Nach Fertigstellung des Realschulneubaus schloss sich der neu gegründete Schlossverein mit der Stadt Bedburg für eine Sanierung zusammen. Ein echtes Schmuckstück ist der glasüberdachte Arkadenhof im Stil der italienischen Frührenaissance, er wird der italienischen Baumeisterfamilie Pasqualini zugeschrieben. Der letzte Umbau des Schlosses, das sich heute in Privatbesitz befindet, erfolgte im Jahre 2008. Niemand hätte die hohen Sanierungskosten für die Ritterakademie und die Kapelle tragen können, sie wurden 2010 abgerissen.

Informationen

Der Schlosspark ist für jedermann zugänglich. Die Repräsentationsräume wie Rittersaal, Arkadenhof oder Delfterzimmer werden für städtische Veranstaltungen, Kulturevents oder Tagungen genutzt und können auch für private Zwecke, Tagungen und Events gemietet werden. Der 10 km lange Werwolf-Wanderweg führt zu sieben historisch belegten Schauplätzen mit Infotafeln über den Werwolfprozess gegen Peter Stubbe.

Kontakt

Schloss Bedburg
Graf-Salm-Straße 34
50181 Bedburg
Telefon 02272/4020 (Anmietung Räumlichkeiten)

Tierische Bewohner des Schlossparks.

Schloss Benrath – Residenz der Herzöge von Berg

Die Geschichte von Schloss Benrath ist eng mit den Grafen von Berg verbunden. Ganz in der Nähe des heutigen Schlosses befand sich der Stammsitz eines Ministerialengeschlechts, also einer Familie, die dem niederen Adel angehörte. Diese Dienstadelsfamilie nannte sich von Benrode und wurde erstmals 1222 in einer Urkunde erwähnt. Darin übertrug Graf Engelbert von Berg das Haus Bürgel an das Stift Kaiserswerth. Im Jahr 1238 wurde ein Ministeriale von Bernrode als Truchsess des Grafen von Berg erwähnt. Es wird vermutet, dass diese hochmittelalterliche Burg nach der Schlacht von Worringen 1288 zerstört wurde.

Die Gartenseite des Corps du Logis.

Witwensitz für die Grafschaft Berg

Um 1330 ging das Eigentum von den Ministerialen auf die Grafen von Berg über. Graf Wilhelm II. von Berg heiratete 1360 Prinzessin Anna von der Pfalz. Ab 1380 durfte die Familie den Herzogstitel führen und Wilhelm war nun Herzog Wilhelm I. von Berg. Sie residierten ab 1386 in Düsseldorf und sind Kunstliebhabern bis heute namentlich bekannt, nachdem sie das Westfenster des Altenberger Doms gestiftet haben, das bis heute als größtes gotisches Kirchenfenster gilt. Nach einem heftigen Machtkampf innerhalb der Familie wurde Burg Benrath 1405 zu Annas Witwensitz bestimmt. Wilhelm starb 1408 und Anna zog 1412 in die Burg, auf der sie nur drei Jahre später starb.

Annas Urenkel Herzog Wilhelm IV. von Jülich-Berg blieb in erster Ehe kinderlos. Durch einen 1480 geschlossenen Ehevertrag erhielt seine zweite Frau, Prinzessin Sibylle von Brandenburg, bei ihrer Eheschließung mit Herzog Wilhelm IV. von Jülich-Berg im Jahr 1481 die Burg Benrath als Wittum, also als lebenslangen Besitz über den Tod ihres Gatten hinaus. Ihr einziges Kind war Maria und es stellte sich die Frage der Erbfolge. 1496 vereinbarten Wilhelm IV. und Herzog Johann II. von Kleve die Verlobung der fünfjährigen Maria mit dessen sechsjährigen Sohn Johann, der später als Johann der Friedfertige in die Geschichtsbücher eingehen sollte.

Renaissance- und Barockschloss

Die inzwischen baufällige Wasserburg wurde etwa zwischen 1660 und 1666 zu einem repräsentativen Renaissance-Wasserschloss umgebaut. Dies geschah auf Betreiben von Elisabeth Amalia Magdalena, der zweiten Frau des Herzogs Philipp Wilhelm. Nach einem Brand und einem Wasserschaden musste es keine hundert Jahre später abgerissen werden. Nur die Kapelle, ein nun zur Orangerie umfunktionierter Flügel sowie die Tortürme blieben erhalten.

Kurfürst Karl Theodor von der Pfalz, der auch Herzog von Berg-Kleve war, beauftragte 1755 seinen Hofarchitekten Nicolas de Pigage mit einem Neubau nördlich des Alten Schlosses. Außerhalb der Stadt sollte eine Maison de Plaisance angelegt werden, die gleichzeitig Jagd- und Sommerschloss sowie Witwensitz für seine Frau Elisabeth Augusta sein sollte. Die Kurfürstin gab 1771 ein festliches Diner zur Einweihung. Ihr Ehemann besuchte ihr Märchenschloss nur ein einziges Mal im Jahr 1785.

Das fünfteilige Gebäudeensemble bildet ein Halbrund um den Schlossweiher. Das Corps de Logis in der Mitte beherbergte die Wohnbereiche des Kurfürstenpaares. Es wird symmetrisch eingerahmt von zwei Kavaliersflügeln und zwei Torhäusern. Alle Gebäude sind seitdem über unterirdische Gänge miteinander verbunden. Die streng symmetrischen Parks, die Gärten und Weiher lassen den Außenbereich zu einer einzigartigen Zeitreise in die Gartenkunst des 18. Jahrhunderts werden.

Wahre Gartenkünstler schufen diesen Schlosspark.

Abendstimmung über dem prächtigen Ensemble.

Die Zeit nach Napoleon

Das Neue Schloss wurde nur wenige Jahre später von französischen Revolutionstruppen erobert. Napoleon hatte seinen Schwager Joachim Murat als Großherzog von Berg eingesetzt, dieser bewohnte das Benrather Schloss von 1806 bis 1808. Im Jahr 1815 ging es in preußisches Eigentum über und wurde in den folgenden Jahrzehnten regelmäßig von Mitgliedern des Hauses Hohenzollern bewohnt.

Schloss Benrath wurde 1911 von der Gemeinde Benrath gekauft und gehört seit 1929 der Stadt Düsseldorf. Zwischen 1950 und 1991 fanden auf Schloss Benrath zahlreiche Staatsempfänge statt. Seit 2000 kümmert sich die Stiftung Schloss und Park Benrath um Schloss und Park.

Informationen

Im Corps de Logis befindet sich ein Museum mit einer beeindruckenden Sammlung von Möbeln aus dem 18. Jahrhundert. Im westlichen Flügelbau ist ein Naturkundemuseum untergebracht, im östlichen Flügelbau das Museum für Gartenkunst. Eine Besichtigung ist mit Führung bzw. Audio-Guide möglich, der Park ist frei zugänglich. Die Führung „Verborgene Räume" hält, was sie verspricht. In einer kleinen Gruppe erforschen die Besucher hauswirtschaftliche Räume und das verzweigte Gangsystem, durch das die damaligen Bediensteten ungesehen von den Herrschenden und deren Besuchern in jeden Winkel des Schloss kamen. Einkehr im Schlosscafé Schloss Benrath. Lichterfest im Juli, ein Klassik-OpenAir-Konzert mit Feuerwerk. Der Benrather Schlossweihnachtsmarkt zählt zu den schönsten Weihnachtsmärkten im Rheinland.

Kontakt

Stiftung Schloss und Park Benrath
Benrather Schlossallee 100–106
40597 Düsseldorf
www.schloss-benrath.de

Skulpturen im Schlosspark.

Das Bonner Stadtschloss und der Hofgarten.

Bonner Schlösser – Vom Regierungssitz zur Universität

Die Kölner Erzbischöfe wohnten ab Mitte des 13. Jahrhunderts in Bonn. Erzbischof Salentin von Isenburg baute von 1567 bis 1577 im Zentrum Bonns ein erstes Schloss, 1597 wurde Bonn als Haupt- und Residenzstadt genannt.

Residenzschloss für Joseph Clemens

Erzbischof Maximilian Heinrich starb 1688. Die Franzosen wollten Wilhelm Egon von Fürstenberg als Nachfolger, Kaiser und Papst bevorzugten Joseph Clemens von Bayern. Keiner erreichte die erforderliche Mehrheit, dennoch sah sich Wilhelm Egon als Wahlsieger. Auf Protest des Königs setzte Papst Innozenz XI. Joseph Clemens zum Erzbischof ein. Das wiederum missfiel dem französischen König Ludwig XIV. Seine Reaktion ging später als Pfälzischer Erbfolgekrieg in die Geschichtsbücher ein.

Die Franzosen saßen 1689 in Bonn, die kaiserlichen Alliierten belagerten und zerstörten Schloss und Stadt. Auch nach seiner Ernennung hielt sich Joseph Clemens überwiegend in Bayern auf, 1702 ging er ins französische Exil. Zuvor hatte er die Seiten gewechselt und sich Frankreich angenähert, obwohl er quasi der Auslöser des Krieges war. Von 1697 bis 1705 ließ er von Enrico Zuccalli in Bonn einen kastellartigen Repräsentationsbau errichten. Vier Gebäudeflügel und Ecktürme umschließen einen rechteckigen Arkadenhof, im Westflügel entstand eine Doppelkirche. Für seine Nähe zum Reichsfeind wurde Joseph Clemens 1706 mit der Privation bestraft, verlor also die weltliche Macht in seinem Territorium. Der 1714 geschlossene Friede von Baden brachte ihm seine Würden und Ländereien zurück. Die Fertigstellung des Stadtschlosses gab er 1715 in die Hände des französischen Baumeisters Robert de Cotte. Der von ihm entworfene barocke Ostflügel erstreckt sich vom Ostturm fast bis an den Rhein und wird Galerieflügel genannt.

Kurfürstliches Lustschloss Poppelsdorf

Zeitgleich mit der Fortsetzung der Arbeiten an seinem Regierungssitz legte Joseph Clemens auf der Ruine der mittelalterlichen Wasserburg in Poppelsdorf den Grundstein zu einem barocken Lustschloss für den privaten Gebrauch und als Wohnsitz für seine Geliebte Konstanze de Grousselier.

Sein Neffe und Nachfolger Clemens August ließ es von 1744 bis 1753 zur Sommerresidenz ausbauen, der offizielle Name des Schlosses ist daher Clemensruh. Er beauftragte den Baumeister Balthasar Neumann, von dessen Kunstfertigkeit er beim Bau der Treppe in seinem Schloss Augustusburg sehr angetan war. Um einen kreisrunden Arkadenhof sind die vier Flügel symmetrisch angeordnet. Jeder Flügelbau hat einen leicht erhöhten Mittelpavillon. Der strenge Grundriss eines quadratischen Bauwerks mit einem runden Innenhof gilt als einzigartig unter den deutschen Barockbauten.

Kurfürst Clemens August setzte mit der Poppelsdorfer Allee seinen Wunsch nach einer französischen Schlossallee um, auf der man von Schloss zu Schloss im Schatten der Rosskastanien lustwandeln konnte. Ihre optische Verlängerung bis zur Kreuzbergkirche wird Barockachse genannt.

Königliches Geschenk zur Gründung der Universität

Im Januar 1777 brannte das Stadtschloss aus, der Wiederaufbau sollte erst in den 1920er-Jahren abgeschlossen sein. Während der französischen Besatzung 1794 wurde das Schloss in Poppelsdorf als Lazarett genutzt. Nach dem Abzug der Franzosen wurde es preußisches Eigentum. König Friedrich Wilhelm III. von

Das Poppelsdorfer Schloss und der Botanische Garten.

Magnolienblüte am Schlossturm.

Preußen legte Bonn als neuen Universitätsstandort fest, die Schlösser waren 1818 sein Gründungsgeschenk an die Universität. Der ehemalige Schlossgarten von Clemensruhe wurde zu einem der artenreichsten botanischen Gärten der Welt.

Nach den Kriegsschäden 1944/45 wurden die Schlösser zügig aufgebaut, um den Universitätsbetrieb fortzusetzen. Die Studierenden schätzen „ihren" Hofgarten, der als Lustgarten für Clemens August angelegt wurde und durch seine Schlichtheit bestiсht. Im Ersten Weltkrieg wurde er als Kuhweide genutzt. Später war er dank seiner guten Erreichbarkeit und Größe ein beliebter Versammlungsort, wie 1968 nach dem Sternmarsch auf Bonn gegen die Notstandsgesetzgebung. 1983 protestierten Hunderttausende gegen den NATO-Doppelbeschluss.

Informationen

Jedes Jahr im August: Internationale Stummfilmtage im Stadtschloss. Lustwandeln vom Bonner Stadtschloss zum Poppelsdorfer Schloss und danach hinauf zur Kreuzbergkirche oder Flanieren durch den Botanischen Garten. Im Sommer: Poppelsdorfer Schlosskonzerte, bei denen das beleuchtete Schloss die perfekte Kulisse für beste klassische Musik bietet.

Kontakt

Rheinische Friedrich-Wilhelms-Universität Bonn
Kurfürstliches Schloss, Regina-Pacis-Weg 3, 53113 Bonn
Poppelsdorfer Schloss, Meckenheimer Allee 169, 53115 Bonn
Mineralogisches Museum, www.steinmann.uni-bonn.de/museen
Botanische Gärten der Universität Bonn, www.botgart.uni-bonn.de

Brühl: Schloss Augustusburg – Repräsentation pur

Im Jahr 1180 fasste Erzbischof Philipp von Heinsberg zwei Höfe zum Burghof an der Brule zusammen, um den die Stadt Brühl wachsen sollte. Etwa hundert Jahre später entstand neben dem Burghof ein Wildpark.

Eine Burg gegen Köln

In Köln schwelte ein langer Streit zwischen der Kölner Bürgerschaft und den Erzbischöfen, die als Kurfürsten eine starke weltliche Machtstellung hatten. Deshalb wohnte Erzbischof Engelbert II. von Falkenburg meist in Brühl. Sein Nachfolger, Erzbischof Siegfried von Westerburg, begann 1284 mit dem Bau einer wehrhaften Wasserburg, die im Kampf gegen Köln Schutz bieten sollte. Im Jahr 1285 verlieh Siegfried die Stadtrechte an Brühl und setzte einen Amtmann ein. Eine vorausschauende Entscheidung, denn nach seiner vernichtenden Niederlage in der Schlacht von Worringen im Jahr 1288 verlor der Kurfürst alle weltliche Macht über die Stadt Köln. Die Burg Brühl war bis zu einem Brand im Jahr 1530 das Zentrum des Erzbistums Köln, danach verlegte Kurköln 1567 seinen Sitz nach Bonn. Endgültig zerstört wurde die Burg von den Franzosen im Pfälzischen Erbfolgekrieg 1689.

Clemens August und sein Rokokotraum

Im Jahr 1723 trat Clemens August von Bayern die Nachfolge seines Onkels Joseph Clemens an und wurde Erzbischof von Köln. Er wünschte sich einen unvergleichlichen Prachtbau als Residenz- und Sommerschloss. Auf den Ruinen der Burg Brühl ließ er nach den Plänen des westfälischen Architekten Johann Conrad Schlaun ein Schloss errichten. Beim Bau der nach Osten geöffneten Dreiflügelanlage wurden die Fundamente der alten Burg genutzt, deshalb sind die Fensterachsen des Südflügels nicht so symmetrisch, wie man es von einem derart prachtvollen Barockbau erwarten würde. Der nach Osten ausgerichtete Ehrenhof wird von den Stirnseiten des Nord- und des Südflügels eingerahmt, die als herausragende Beispiele des deutschen Barock gelten.

Die Ausgestaltung des Bauwerks übernahm ab 1728 der kurbayerische Hofbaumeister François de Cuvilliés, der aus dem eher glanzlosen Bau von Schlaun ein prachtvolles Schloss machte. Die Fassaden und die Paradezimmer zählen wegen ihrer üppigen Ornamente nicht mehr zum Barock, sondern zum frü-

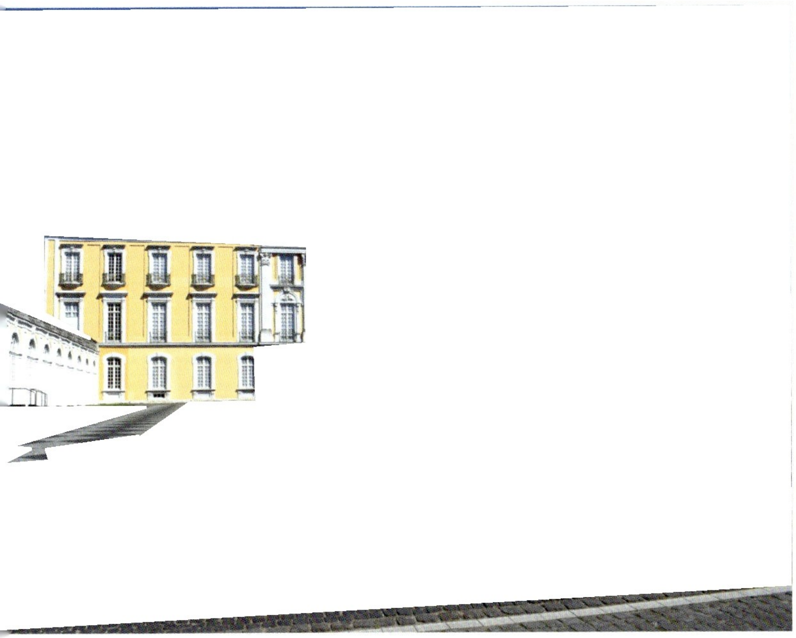

Die westliche Fassade weist zur Stadt Brühl.

hen Rokoko. Das Gelbe Appartement weist eine der frühesten und kostbarsten Raumausstattungen des beginnenden Rokoko in Deutschland auf.

In den Jahren 1740 bis 1760 entstand das beeindruckende Treppenhaus nach Entwürfen des süddeutschen Baumeisters Balthasar Neumann. Dabei trügt der erste Eindruck: Nur die Treppenstufen und der Fußboden bestehen aus echtem Lahnmarmor. An den Wänden und Säulen wurde Stuckmarmor verwendet. Das ist eine Mischung aus Gipspulver, Knochenleim und Farbpigmenten, die in die gewünschte Form geknetet wird, um sie in feine Scheiben zu schneiden und auf die Oberfläche zu modellieren. Decken und Gewölbe ruhen auf den Händen zahlreicher Atlanten und Karyatiden, so werden in der Architektur die weiblichen Figuren genannt, die in einem Gebäude Lasten tragen. Abgerundet wird dieser Anblick durch das detailreiche Deckenfresko des lombardischen Malers Carlo Carlone.

An den südlichen Schlossflügel schließt sich die barocke Gartenanlage an. Die Gartenplanung geht auf Dominique Girard zurück, der die Anlage ab 1728 nach französischem Vorbild anlegte. Bei einem Besuch im Jahr 1804 bedauerte Napoleon Bonaparte, das Schloss habe keine Räder, um es nach Frankreich mitnehmen zu können. Ab 1840 gestaltete Peter Joseph Lenné die Außenanlage zu einem englischen Landschaftsgarten um. Der Barockgarten wurde 1929–1935 nach den Plänen von 1728 rekonstruiert. Er wird als eine besonders authentische Gartenanlage des 18. Jahrhunderts bezeichnet.

Die Welt zu Gast in Brühl

Nach schweren Kriegsschäden wurde das Schloss 1946 wieder aufgebaut. Von 1949 bis 1996 empfing der jeweilige Bundespräsident zahlreiche Staatsgäste auf Schloss Augustusburg, dazu zählen Königin Elisabeth II., Ronald Reagan, François Mitterand und Nelson Mandela – stets mit Abschlussfoto im Rokoko-Treppenhaus. Seit 1984 sind die Schlösser Augustusburg und Falkenlust UNESCO-Welterbe.

Informationen

Das Schloss kann nur im Rahmen einer Führung oder Sonderführung besichtigt werden. Einzelgäste müssen sich nicht anmelden. Ein Höhepunkt im jährlichen Veranstaltungskalender sind die Brühler Schlosskonzerte. Das Max-Ernst-Museum liegt nur wenige Schritte entfernt genau zwischen dem Schloss und dem Bahnhof.

Kontakt

Schloss Augustusburg
Schlossstraße 6
50321 Brühl
Telefon 02232/44000
www.schlossbruehl.de

Auch im Winterhalbjahr wunderschön: der Barockgarten.

Brühl: Schloss Falkenlust – Jagdschloss der Kurfürsten

Der Kölner Kurfürst und Erzbischof Clemens August war ein leidenschaftlicher Falkenjäger. Während seiner Regentschaft im benachbarten Schloss Augustusburg wuchs in ihm der Wunsch nach einem Jagdschloss.

Vogelkundliche Standortwahl

Zu dieser Zeit hatten Graureiher ihre Horste im Brühler Schlosspark gebaut. Wenn sie zu ihren Fischgebieten im Altrheingebiet bei Wesseling flogen, überquerten sie ein abgeschiedenes Wäldchen, den Falkenluster Busch. Reiher waren gute Beutevögel bei der Falkenjagd, also ordnete Clemens August an, sein Jagdschloss genau an die Flugbahn der Reiher zu bauen.

Mit der Planung beauftragte er den kurbayerischen Hofbaumeister François de Cuvilliés, der auch Schloss Augustusburg ausgestaltete und Amalienburg im Park der Münchener Nymphenburg geplant hatte. Gemeinsames Ziel des Bauherrn und des Baumeisters war ein Gegenstück zum repräsentativen Schloss Augustusburg. Geplant und gebaut wurde Falkenlust als Maison de Plaisance. Es war also ein Lustschloss, das fernab des Hofzeremoniells ausschließlich für private Zwecke genutzt wurde.

Zwischen 1729 und 1737 entstand ein stattliches Rokoko-Schlösschen. Im Erdgeschoss befanden sich die Räumlichkeiten des Erzbischofs. Gäste bezogen die Zimmer im Obergeschoss mit Cafézimmer. Das Walmdach wurde mit einer Dachlaterne versehen, aus diesem nach allen Seiten offenen Turm und von der Aussichtsplattform auf dem Hauptgebäude konnte der Kurfürst das Jagdgeschehen beobachten. Den Ehrenhof flankieren zwei flache Nebengebäude, in denen man die Speisen vorbereitete, die im Schloss serviert wurden. Nach der gemeinsamen Falkenjagd versammelte sich die Jagdgesellschaft in den kostbar ausgestatteten Innenräumen des Schlosses.

Die Grottenkapelle St. Maria Aegyptiaca

Während der Bauzeit des Jagdschlosses entstand vis-à-vis eine achtseitige Kapelle. Sie wurde der Maria Aegyptiaca geweiht. Diese Maria von Ägypten war eine Prostituierte in Alexandria, die sich im 4. Jahrhundert bei einer Wallfahrt nach Jerusalem zum christlichen Glauben bekehrte und fortan als Eremitin lebte. Sie ist die Schutzheilige der Büßenden. Der Baumeister Pierre Laporterie hatte das Oktogon außen schlicht und innen überaus prächtig gestaltet. Alle Wände und das Gewölbe tragen ein Dekor aus Abertausenden von Muscheln und Mineralien, die die Kapelle wie eine Grotte wirken lassen.

Hoher Besuch

Schloss Falkenlust sah in seiner Geschichte so manche Prominenz. Zu den ersten gehörten zwei Weltberühmtheiten: Der italienische Frauenheld Giacomo Girolamo Casanova gab 1760 ein Galadiner für die Damen der Kölner Gesellschaft. Das siebenjährige Wunderkind Wolfgang Amadeus Mozart zeigte sich bei seinem Besuch im Jahr 1763 sehr beeindruckt von den kostbaren Kabinetten.

Die beiden Schlossparks mit ihrem bis zu 300 Jahre alten Baumbestand bildeten ursprünglich eine Einheit. Die Bahnlinie von Köln nach Bonn durchschneidet seit 1844 die Gesamtanlage am Inselweiher und an der Falkenluster Allee.

Zwischen 1832 und 1960 gehörte Schloss Falkenlust der Unternehmerfamilie Giesler aus Brühl, danach wurde das Land Nordrhein-Westfalen Eigentümer. Obwohl es ursprünglich als Gegenstück zum repräsentativen Schloss Augustusburg gebaut wurde, wurde auch das Jagdschloss als elegantes Empfangsgebäude genutzt. Bundespräsident Karl Carstens empfing hier 1980 den französischen Staatspräsidenten Valéry Giscard d'Estaing. Sein Nachfolger Richard von Weizäcker nutzte Schloss Falkenlust während einer Renovierung der Villa Hammerschmidt und hatte 1984 den rumänischen Staatschef Nicolae Ceauşescu zu Besuch.

Seit 1974 kann das Jagdschloss als Museum besucht werden. Im Hauptgebäude sind die prachtvollen Räumlichkeiten des Rokoko zugänglich, dazu zählen ein Spiegelkabinett und feinste chinesische Lackplatten. Im südlichen Nebengebäude befindet sich ein Restaurant.

Gemeinsam mit Schloss Augustusburg ist Schloss Falkenlust seit 1984 UNESCO Weltkulturerbe. Das aus zwei Schlössern und verbindender Garten- und Parkanlage bestehende Ensemble gilt als einmalig erhaltenes Gesamtkunstwerk des Rokoko.

Liebevolle Details auch im Außenbereich.

Clemens Augusts Initialen zieren das Hoftor.

Informationen

Die UNESCO-Welterbestätte Schlösser Brühl lässt sich am besten bei einem Spaziergang auf der Falkenluster Allee genießen. Sie verbindet Schloss Augustusburg und seinen Schlosspark mit dem etwa 2,5 km entfernten Schloss Falkenlust. Die Schlossverwaltung bietet Audioguides an. Führungen sind für Gruppen nach Voranmeldung möglich.

Kontakt

Schloss Falkenlust
An Schloss Falkenlust
50321 Brühl
Telefon 02232/44000
www.schlossbruehl.de

Haus Bürgel – Das römische Kastell am Altrheinarm

Der Rhein war zu allen Zeiten die natürliche Grenze für viele kriegerische Auseinandersetzungen in der Region. Bereits im ersten nachchristlichen Jahrhundert schützten römische Soldaten die von ihnen besetzte linke Rheinseite gegen die germanischen Stämme auf der rechten Rheinseite.

Das römische Militärkastell

In spätrömischer Zeit kam es immer häufiger zu Einfällen der Franken aus dem Rechtsrheinischen. Als Antwort darauf legten die Römer linksrheinisch eine Kette von Militärkastellen an. Hier in Bürgel wurde ein solches Grenzkastell auf den Resten eines Vorgängerbaus aus dem 1. Jahrhundert gebaut. Die genaue Bauzeit ist unbekannt, wahrscheinlich entstand es in der Regierungszeit des Kaisers Konstantin (306 bis 337 n. Chr.) oder des Kaisers Valentinian (364 bis 375 n.Chr.).

Der quadratische Bau maß 64 mal 64 Meter und war von vier Ecktürmen, acht Rundtürmen und einem doppelten Graben umwehrt. Die Mauern waren bis zu 2,30 Meter dick mit Toren im Osten und Westen. Genutzt wurde das Kastell vermutlich bis zum Ende der römischen Kontrolle dieses Rheinabschnitts im Jahr 406, denn bei Ausgrabungen wurde eine Goldmünze aus der Zeit des Kaisers Honorius (393 bis 423 n. Chr.) entdeckt.

Das fränkische Königsgut als Geschenk

Nach dem Abzug der Römer kamen die Rheinfranken in die Region. Das Römerkastell blieb eine Weile ungenutzt, wurde im frühen Mittelalter zu einer fränkischen Burg umgebaut und gehörte in karolingischer Zeit zu den Königsgütern. Vermutlich im 8. Jahrhundert wurde im Innenhof der Burg eine kleine Kirche gebaut, die dem Heiligen Maternus geweiht wurde. Im Jahr 1002 übertrugen die Ottonen den Bau dem Kölner Erzbischof Heribert, 1019 schenkte er das Castrum in Burgela der Abtei Deutz. In dieser Zeit wurde es mehrfach als „Burg mit Hof und Kirche" bezeichnet. Die Kirche war bis in das 14. Jahrhundert Pfarrkirche von Zons.

Conradus de Burgela (Conrad von Bürgel) hatte Bürgel im 12. Jahrhundert von der Abtei Deutz als Lehen erhalten. Erzbischof Engelbert I. von Köln übertrug 1222 den Hof Bürgel an das Stift Kaiserswerth. Das änderte wohl nichts am Lehnsverhältnis derer von Bürgel, denn Winricus de Burghile (Winrich von Bürgel) wurde 1326 als Lehnsmann auf Bürgel erwähnt, als er die Burg und die Hälfte der Ländereien an die Abtei Deutz verkaufte. Reinhardus Zobbe von Ingendorf pachtete Bürgel 1352, bis Renardus Besendrisch es 1359 kaufte.

Plötzlich rechtsrheinisch

Mindestens einmal im Jahr tritt der Rhein über seine Ufer, daher planten auch die frühen Bauherren ihre Häuser hochwassersicher. Niemand konnte aber mit dem verheerenden Hochwasser rechnen, das im Januar und Februar 1374 den Rhein über seine Ufer treten und seinen Flusslauf ändern ließ. Der Rhein suchte sich weiter westlich ein neues Bett. Das Haus Bürgel wurde von Zons abgeschnitten und lag fortan auf der rechten Rheinseite.

Rittersitz der Grafen von Nesselrode

Die Grafen von Nesselrode bewohnten und bewirtschafteten Bürgel ab 1698. Mehrfach wurde innerhalb der historischen Mauern gebaut und umgebaut. Das Haus Bürgel wurde gleichermaßen Gutshof und Rittersitz. In der Nordostecke entstand ein zweigeschossiges Herrenhaus. Der quadratische Eckturm ersetzte bereits im Mittelalter den römischen Rundturm. Sein heutiges Aussehen erhielt das Herrenhaus im Jahr 1837, die landwirtschaftlichen Gebäude wurden 1900 errichtet. Die gesamte Anlage folgt im Wesentlichen den römischen Kastellmauern, deren Innenkern teilweise noch sichtbar ist.

Ein echter Blickfang: der quadratische Eckturm des Herrenhauses.

Sogar bei den landwirtschaftlichen Gerätschaften wirkt manches historisch.

Die Familie von Nesselrode verkaufte Bürgel 1989 an die Nordrhein-Westfalen-Stiftung. Nach einigen Forschungs- und Restaurierungsjahren wurde 2003 im Herrenhaus ein Römisches Museum eröffnet.

An den ehemaligen Kastellmauern führt ein archäologischer Außenpfad entlang, der die Baugeschichte des römischen Kastells mit seinen zwölf Türmen zeigt. Die Biologische Station Haus Bürgel legte einen historischen Nutzgarten an, in dem Gemüse und Kräuter wachsen, die bereits in der Römerzeit in der Küche Verwendung fanden. Auf dem Hof befindet sich ferner eine Kaltblutpferdezucht.

Informationen

Das Römische Museum ist an Wochenenden und Feiertagen für Besucher geöffnet und bietet einmal im Monat sowie auf Anfrage öffentliche Führungen an. Das Betreten des Außenpfads und des Nutzgartens ist nur während der Museumszeiten erwünscht. Acht gut markierte Wanderwege mit dem klangvollen Namen AuenBlicke führen durch die Urdenbacher Kämpe. Mit der Autofähre sind es nur wenige Minuten nach Zons.

Kontakt

Haus Bürgel
Urdenbacher Weg
40789 Monheim
Telefon 02173/9518930
https://hausbuergel.de

Schloss Burgau – Wasserschloss in der Ruraue

Wohl schon im 11. Jahrhundert wurde in den Auen der Rur ein Burgturm eingemottet. Aus der Motte wurde eine spätmittelalterliche Burg, die später zum Barockschloss erweitert wurde.

Glückliche und unglückliche Ehen

Erstmals erwähnt wurde die Burg im Jahr 1234 als Heinsberger Lehen im Besitz der Herren von Aue. Sie bauten die Hauptburg im 14. Jahrhunderts aus. Auf dem Fundament der Motte entstand der mächtige rechteckige Wohnturm. Etwa zur gleichen Zeit benannten die Burgherren sich nach ihrer Burg, denn im Jahr 1391 fand ein Ludwig von Burgau urkundliche Erwähnung.

An die 1532 geschlossene Ehe von Johann von Elmpt und Katharina von Wevorden erinnert das Allianzwappen ihrer beiden Familien auf dem malerischen Erker im Südturm. Der üppig mit Reliefs geschmückte Renaissanceerker gilt den Dürenern als Sinnbild einer glücklichen Ehe, er wird heute für Trauungen genutzt.

Hans Hohlbein der Jüngere wohnte 1539 eine Weile in Burgau, er war Hofmaler des Königs Heinrich VIII. von England. Dieser hatte ihn nach dem Tod seiner dritten Frau Jane Seymour damit beauftragt, auf dem europäischen Festland einige Heiratskandidatinnen zu porträtieren. Das Brautbild von Anna von Kleve malte er auf Burgau. Dem König gefiel das Bildnis und er schickte eine Gesandtschaft los, die um Anna warb und sie nach England brachte. Leider gefiel ihm die echte Anna in ihrer strengen deutschen Tracht nicht so gut. Das schüchterne Mädchen sprach kein Englisch. Der König lehnte sie als humorlos und langweilig ab, die Ehe wurde nie vollzogen. Anna lebte nach der Annullierung ihrer Ehe weiter am englischen Hof. Hohlbein war in der Achtung des Königs gesunken und durfte nie mehr ein Mitglied der Königsfamilie malen.

Ausbau zum Barockschloss

Daniel von Elmpt plante 1675 eine reine Renovierung der Hauptburg. Seine Ehefrau Maria Anna Katharina von Wolff-Metternich hingegen veranlasste den Bau einer Vorburg mit drei zweigeschossigen Flügeln und einem Wassergraben in den Jahren 1685 bis 1699. Der Renaissanceerker wurde um 1850 erneuert, um 1900 erhielt der Wohnturm die kleinen spitzbehelmten Eckwarten.

Burgau wechselte mehrfach die Besitzer, Rittmeister Ernst Nienhausen verkaufte das Schloss nebst Ländereien und Waldgebieten 1917 an die Stadt Düren, die Burgau zum Ausflugsziel umgestaltete. Kriegsschäden und Plünderungen nach dem Krieg machten das Schloss zur Ruine. Doch die Bürger kämpften um ihr Schloss. Sie sammelten Geld und drängten die Stadt Düren zu einer vollständigen Sanierung, die 1998 beendet wurde.

Die Hexe Hackefey

Vor langer Zeit stand ein Ehepaar im Dienste der Schlossherren. Sie lebten in vollkommener Liebe und Harmonie. Das war dem Teufel ein Dorn im Auge, doch er konnte sie nicht entzweien, so sehr er sich auch mühte. In der Nähe des Schlosses wohnte eine alte Frau namens Sophia Hack. Die Leute nannten sie Hackefey und hielten sie für eine Hexe. Der Teufel versprach ihr goldene Pantoffel, wenn es ihr gelänge, das glückliche Paar auseinander zu bringen.

Die Brücke zwischen Vor- und Hauptburg.

Sie suchte das Gespräch mit der jungen Frau, die ihr sofort erklärte, ein besserer Mann als ihrer sei auf Gottes weiter Erde nicht mehr zu finden. Dem stimmte die Alte zu, wies sie aber darauf hin, dass er am Hals einige Härchen habe. Wenn die Ehefrau ihm diese im Schlaf abrasiere, sei er in der Tat der perfekte Mann. Dem Ehemann erzählte Hackefey, sein Weib betrüge ihn und trachte ihm nach dem Leben. Er solle sich vorsehen, wenn seine Weib in der Nacht mit einem Schermesser komme. Entsprechend groß war das Entsetzen des Mannes, als seine Frau sich ihm in der Nacht mit dem Rasiermesser in der Hand näherte. Alle Beschwichtigungen und Erklärungsversuche blieben fruchtlos, der Familienfriede war auf ewig zerstört.

Der Teufel hingegen hielt sein Versprechen und gab der Hexe aus einiger Entfernung die versprochenen goldenen Pantoffeln. Er bebte dabei vor Angst und rannte eilig davon. Seitdem nennt man in der Region Streit stiftende Weiber Hackefey und sagt: „Waar dr Düwel net selever kûen kann, dar schekt-e en ald Wiëv" (Wo der Teufel nicht selber hin kann, schickt er ein altes Weib hin).

Informationen

Schlosscafé in der Vorburg. Der Burgauer Wald und die Schlossweiher laden zu Spaziergängen und Wanderungen ein. Die Ausstellungen im Schloss können kostenlos besucht werden. Die Außenanlage ist frei zugänglich.

Kontakt

Schloss Burgau
Von-Aue-Straße 1
52355 Düren-Niederau
Telefon 02421/504613

Schloss Drachenburg – Märchenschloss am Rhein

Wer den Drachenfels von Königswinter über den Eselspfad besteigt, wird auf halber Höhe staunend eine Pause einlegen. In einem Landschaftspark, zwischen alten Bäumen aus aller Welt, entdeckt er ein bezauberndes Schloss. Es scheint, als sei es einem Märchen aus lang vergangenen Zeiten entsprungen. Umso überraschender ist die Erkenntnis, dass es gerade einmal 150 Jahre alt ist.

Schloss und Burg zugleich

Der in Bonn geborene Gastwirtssohn Stephan Sarter kam als Finanzpublizist und Börsenspekulant zu einigem Wohlstand, den er geschickt einzusetzen verstand. Herzog Georg II. von Sachsen-Meiningen-Hildburghausen erhob Sarter nach einer Spende von 40 000 Mark in den Freiherrenstand. Dieser bedankte sich dafür mit einer weiteren Spende an das Meininger Armenhaus.

Nun gehörte er zur gehobenen Gesellschaft und hatte das Bedürfnis, sich eine adäquate Residenz erbauen zu lassen. Paris war seine Wahlheimat, für sein Bauvorhaben zog es ihn jedoch an den Drachenfels, in Sichtweite seiner Geburtsstadt. In einer Rekordbauzeit entstand zwischen 1882 und 1884 ein architektonisches Kunstwerk. Es sollte mehr als nur eine Villa sein, aber offenbar wollte er sich nicht entscheiden, ob er eine Burg oder ein Schloss bewohnen wollte. Und so kam es, dass der Name des Bauwerks sowohl das Schloss als auch die Burg nennt. In

der Architektur spiegeln sich beide Bauweisen wider: Von Norden betont der mächtige Turm das Wehrhafte einer Burg, auch die Türmchen und Zinnen erinnern eher an eine Burg. Der weitläufige Park und die detailreich gestaltete Südfassade mit der Venusterrasse ist nur bei einem Schloss vorstellbar. Im Inneren erstrahlten alle Räume in der ausgesuchten Eleganz des Historismus. Der Bauherr legte großen Wert auf Ausstattung und Möblierung, die an die Stilrichtungen längst vergangener Jahrhunderte erinnerte.

Trotz aller Geschwindigkeit und Perfektion in der Bauausführung zog Stephan von Sarter nie in sein Traumschloss. Es heißt, er habe mit seiner Jugendliebe auf der Drachenburg leben wollen, die leider während der Bauzeit starb. So zog er es vor, weiterhin in Paris zu leben. Schloss Drachenburg nutzte er für einige wenige gesellschaftliche Anlässe. Er starb 1902 als Junggeselle in Paris.

Wechselnde Besitzer

Der Jurist Jakob Hubert Biesenbach, Sarters Neffe, kaufte das Schloss Drachenburg 1903 aus der Erbmasse. Er bot der Öffentlichkeit zunächst Besichtigungen der Innenräume und Andenken an. Später ließ er den Burghof abreißen, um ein Hotel im Schweizerstil zu bauen. Bald darauf gestaltete er einen Teil des Schlossparks zu einem Wildgehege um. Zwischen neu gepflanzten Tannen und Fichten entstanden kleinere Blockhäuser mit zwei oder drei Zimmern, die er als „nordische Sommerhäuser" bezeichnete. Als Hommage an den Komponisten Richard Wagner benannte er sie nach den Figuren der Nibelungensage. Vier davon, Walküre, Tristan, Parzifal und Isolde, sind bis heute erhalten.

Das Schloss wurde in den folgenden Jahren als katholisches Internat, nationalsozialistische Schule und Eisenbahnerschule genutzt. Nach schweren Beschädigungen im Zweiten Weltkrieg wurde es von den Eisenbahnern instand gesetzt, verfiel aber in den 1960er-Jahren. Im Jahr 1971 erbarmte sich der Godesberger Unternehmer Paul Spinat des Schlosses und begann mit Erhaltungs- und Sicherungsarbeiten. 1986 wurden das Schloss und der Park unter Denkmalschutz gestellt, drei Jahre später verkaufte es Paul Spinat an das Land Nordrhein-Westfalen. Es wurde der NRW-Stiftung Natur-Heimat-Kultur zur Restaurierung übertragen. Das war angesichts der vielfältigen Nutzungen, der erheblichen Kriegsschäden und einiger unfachmännischer Reparaturen ein aufwendiges Unterfangen.

Von 1995 bis 2011 wurden alle Teile des Gebäudes restauriert, möbliert und damit behutsam in einen Zustand versetzt, der einen guten Einblick in die Wohnkultur der Gründerzeit gibt. Seitdem können Besucher zwei Etagen der historischen Räumlichkeiten im Schloss, das Schlossmuseum in der ehemaligen Wirtschaftsebene der Hauptburg und den Nordturm besichtigen.

Informationen

In der ehemaligen Wagenhalle des Schlosses befindet sich das Deutsche Museum für Naturschutzgeschichte. Das Siebengebirge lässt sich auf zahlreichen Wanderwegen erkunden. Ein beliebter Weg von etwa 6 km Länge führt vom Schloss Drachenburg weiter bergauf zur Burgruine Drachenfels, von dort unterhalb der Wolkenburg zum Milchhäuschen und durch das Nachtigallental zurück nach Königswinter.

Kontakt

Schloss Drachenburg gGmbH
Drachenfelsstraße 118
53639 Königswinter
www.schloss-drachenburg.de
Museum und Stiftung Naturschutzgeschichte,
www.naturschutzgeschichte.de

Burg Drachenfels – Wildromantisch über dem Rheintal

Die wohl bekannteste Höhenburg des Rheinlandes befindet sich auf dem 321 m hohen Drachenfels. Bereits die Römer bauten hier das vulkanische Gestein Trachyt ab. Die Vermutung liegt nahe, dass dieses Gestein namensgebend für den Berg war. Vielleicht geht der Name aber auch auf eine Sage zurück.

Sagenhafter Drachenfels

Seit dem Mittelalter erzählt man sich in der Region von einem furchteinflößenden Drachen, der auf dem ersten Berg des Siebengebirges saß. Sobald ein Schiff näherkam, spie er Feuer und vernichtete es. Die Einheimischen brachten dem Drachen Menschenopfer, um ihn zu besänftigen. Eines Tages banden die Bewohner eine wunderschöne christliche Jungfrau nahe der Drachenhöhle an. Unerschrocken nahm das Mädchen seine Halskette und hielt dem Drachen das daran befestigte Kreuz entgegen. Der Drache wich davor zurück, taumelte, fiel brüllend von seinem Fels und ertrank im Rhein.

Einen blutigeren Tod fand der Drache in einer bekannteren Sage: Siegfried war von Xanten den Rhein hinauf gezogen und sah die Bewohner des Siebengebirges von einem feuerspeienden Drachen bedroht. Mit seinem selbst geschmiedeten Schwert Balmung tötete er den Drachen und nahm in dessen Blut ein Bad, das ihn (nahezu) unverwundbar machte.

Erzbischöfliche Grenzsicherung

Der Kölner Erzbischof Arnold I. hatte 1138 mit dem Bau einer Burg auf dem Drachenfels begonnen, zwischenzeitlich einen Schlaganfall erlitten und konnte die Arbeiten nicht weiter beaufsichtigen. In einer Urkunde aus dem Jahr 1149 übertrug er in castro Drachenuelis an das Bonner Stift St. Cassius und Florentius. Zu diesem Zeitpunkt standen bereits ein Turm und einige andere Bauteile. Gerhard von Are, der Propst des Stifts, sorgte mit hohem Geldaufwand für eine schnelle Fertigstellung.

Ab 1176 wurde die Burg Drachenfels durch Burggrafen verwaltet, die sich vom Bonner Stift lösten und ein Lehnsverhältnis zum Erzstift Köln eingingen. Der bekannteste unter den Burggrafen war Gottfried von Drachenfels (auch Godart genannt), der ab dem Jahr 1267 zu großem Wohlstand kam. Er erkannte, dass der Drachenfels-Trachyt das wichtigste Baumaterial des Kölner Doms war, und verkaufte dem Kölner Domkapitel die Wegerechte für den Transport und später eigene Abbaurechte.

Nachdem die Burggrafen von Drachenfels die Burg um eine Ringmauer und eine Zwingermauer mit halbrunden Schalentürmen ergänzt hatten, erlosch die Hauptlinie dieser Familie mit dem Tod des Burggrafen Heinrich von Drachenfels im Jahr 1530.

Die protestantischen schwedischen Truppen eroberten 1632 den Drachenfels, konnten aber im Folgejahr vertrieben werden. Auf Weisung des Kölner Kurfürsten Ferdinand wurde die Burg 1634 geschleift, um weitere Kampfhandlungen zu vermeiden. Die Trachyt-Steinbrüche wuchsen bis an die Bergkuppe heran, was 1788 den zum Teil von den Steinbrechern bereits unterhöhlten Bergfried, einen Wohnbau und die Kapelle aus dem 13. Jahrhundert zum Einsturz brachte. Zwar wurde im Jahr 1807 der weitere Trachytabbau untersagt, dies diente aber dem Schutz der darunterliegenden Weinberge.

Der Verfall der Burg jedoch schien unaufhaltsam, nachdem die Steinbrecher 1827 die Burg gekauft hatten. Das führte zu Protesten in der Bevölkerung, die dem König zu Ohren kam. Er ordnete 1829 den Kauf der Kuppe nebst Ruine an.

Tourismusmagnet für Briten und Deutsche

Gerettet wurde die Burgruine Drachenfels wohl durch den Tourismus. Der britische Lord George Byron hatte während seiner Rheinreise den Drachenfels nie bestiegen, muss aber bei seinem Anblick von der linken Rheinseite sehr beeindruckt gewesen sein. Nach seiner Rückkehr schrieb er „The castled crag of Drachenfels“, ein Liebesgedicht, das in der Folge in britischen Reiseführern zitiert wurde und Millionen romantischer Touristen anlockte. Unter ihnen waren auch Queen Victoria und der Maler William Turner, der den Drachenfels in einem Aquarell festhielt.

Die deutsche Rheinromantik machte den Drachenfels zu einem beliebten Ausflugsziel. Ein erstes kleines Gasthaus entstand bereits 1834 auf dem Drachenfelsplateau. Seit 1883 bringt die Zahnradbahn Besucher aus der ganzen Welt zum Gipfel.

Informationen

Die Ruine ist frei zugänglich. Drachenfels Restaurant & Eventlocation auf der Gipfel-Plattform. Die Burgruine liegt inmitten der wunderschönen Wanderregion Siebengebirge. Der Besuch lässt sich mit einer Besichtigung von Schloss Drachenburg und den vielen anderen Sehenswürdigkeiten von Königswinter verbinden.

Kontakt

Burgruine Drachenfels
Auf dem Drachenfels
53639 Königswinter

Burg Efferen – Wehrhafte Burg an der Kölner Stadtgrenze

Die Burg Efferen wurde am Duffesbach erbaut, der viele Jahrhunderte lang westlich der Burg floss, bevor er aus Gründen des Hochwasserschutzes unter die Erde verlegt wurde. Bis dahin speiste er den Burggraben. Der mächtige, quadratische Torturm besteht an seiner Basis aus Quadermauerwerk, das in das 13. Jahrhundert datiert wird. Er ist damit das älteste Gebäude und der einzige mittelalterliche Bau auf Hürther Stadtgebiet.

Verteidigungsanlage der stadtkölnischen Truppen

Bereits 696 gründete Königin Plektrudis den Kölner Damenkonvent Sankt Maria im Kapitol. Zu den gestifteten Gütern gehörte auch das Land, auf dem heute die Burg Efferen steht. Die Grafen von Jülich übernahmen als Vögte die Verwaltung des Stifts und seiner Ländereien. Sie belehnten Kölner Adelige und Patrizier mit dem Gut, spätestens seit Beginn des 14. Jahrhunderts war dies die Patrizierfamilie Overstolz.

Die Burg war von großer strategischer Bedeutung. Sie lag an der wichtigen Verkehrsverbindung vom Rhein nach Gallien. Nach der Schlacht bei Worringen 1288 benötigten die Kölner Bürgertruppen einen Verteidigungsgürtel, um die Rückeroberung durch Kurköln zu verhindern. Gegen die Herrschaftsansprüche des Kölner Erzbischofs Friedrich von Saarwerden setzten sie sich gemeinsam mit den Jülichern zur Wehr, die inzwischen Herzöge waren. Im Jahr 1391 besetzten die stadtkölnischen Truppen die Burg Efferen und bauten sie zu einem wehrhaften Vorposten aus. Die Freie Reichsstadt Köln übernahm dafür die Kosten. Es wird vermutet, dass der Torturm in dieser Zeit mit gemauertem Backstein auf vier Geschosse erhöht wurde und eine Viertürme-Anlage entstand. Sie umfasste mindestens zwei weitere Türme, die in einem zeitgenössischen Gemälde zu sehen sind. Auch der fast quadratische Wassergraben stammte aus dieser Zeit.

Die Overstolzen

Im Jahr 1393 fanden die Overstolzen als erste Herren von Efferen urkundliche Erwähnung. Sie nannten sich zunächst Overstolz von Efferen, später nur noch von Efferen. Aus dieser Seitenlinie entstammten der Jülicher Amtmann Hieronymus von Efferen († 1552), der Wormser Fürstbschof Wilhelm von Efferen († 1616) und der Kurpfälzische Generalleutnant Johann Wilhelm von Efferen († 1724).

Trotz der römischen Vergangenheit Efferens gehört die Gründung durch einen Römer namens Africanus ins Reich der Sagen. Viele Adlige verzierten ihre Wappen mit starken Tieren wie Löwen oder Bären. Der Elefantenkopf im Geschlechterwappen ist also eher die Angeberei einer nobilitierten Kaufmannsfamilie als der Hinweis auf eine Ahnenkette bis zurück in die Zeit römischer Kriegselefanten.

Heinrich von Cuesin übernahm die Burg Efferen von den Overstolzen. Ihm folgten weitere Familien, nach denen bis heute die Efferener Straßen benannt werden: 1461 Johann Rauftesch, 1477 Johann von Diepenbroich, 1535 die Familie Orsbeck, 1635 die Freiherren von Bourtscheidt, 1836 die Grafen von Schaesberg und 1870 die Grafen von Fürstenberg-Stammheim.

Das barocke Herrenhaus

Es wurde friedlicher im Rheinland und Freiherr Carl Franz von Bourtscheidt machte aus dem Wehrbau einen barocken Landsitz. Neben dem Torturm entstand das barocke Herrenhaus, dessen eiserne Maueranker die Jahreszahl 1769 anzeigen. Das unverputzte Backsteingebäude wurde zweigeschossig gebaut und trägt ein hohes Mansardwalmdach. Während der Zugang weiterhin durch den Torturm von Norden erfolgte, weist die Repräsentationsseite des Herrenhauses nach Westen. Der Mittelrisalit trägt das Wappen der Familie Bourtscheidt über dem Balkon und wird in beiden Etagen rechts und links symmetrisch von je drei Fenstern eingerahmt. Im Zuge des barocken Umbaus erhielt der Torturm eine Welsche Haube.

Bourtscheidts Nachfahren, die Familie von Fürstenberg-Stammheim, führten die Burg Efferen bis 1894 weiter. Ihr Wappen ist auf der schmiedeeiserne Wetterfahne des Torturms zu sehen. Sie verkauften die Burg an ihren Pächter Matthias Josef Koch, dessen Initialen MK im Balkongitter zu finden sind. Seine Nachkommen bewohnen und bewirtschaften die Burg Efferen bis heute. Der Burggraben wurde 1961 bei der Verbreiterung der Bachstraße trockengelegt.

Informationen
Eine Besichtigung ist nur von außen möglich, am besten von der Bachstraße.

Kontakt
Burg Efferen
Ritterstraße 8
50354 Hürth

Burg Erprath – Kölner Vorposten an der Erft

Wo der Gillbach in die Erft mündet, stand ein Hof namens Erprath. Der Name erklärte sich den Zeitgenossen von allein, es war die Rodung (= Rath) an der Erft (= Erp). Die Endung -rath weist auf die hochmittelalterliche Rodungsphase im 11. und 12. Jahrhundert hin.

Vom römischen Wachturm zur Motte

Wann genau mit dem Bau der Burg begonnen wurde, verliert sich im Nebel der Geschichte. Die Brüder Godefridus und Bernherus der erprothe tauchen 1150 als Zeugen in einer Urkunde auf. Möglicherweise bauten sie um das Jahr 1160 einen Rittersitz. In einer Urkunde von 1166 ist erneut von Godefridus die Rede, der mit seinen Nachbarn Harpernus de Helpenstein und Christianus de Wivelenchhouven eine Erbteilung in der Familie von Randerath bezeugte.

Ob es im darauf folgenden Jahrhundert zu einer Erweiterung der Burg kam oder ob nun erst die Burg gebaut wurde, ist unbekannt. Jedenfalls wird der noch vorhandene Burgturm ins 13. Jahrhundert datiert. Die Burg selbst tauchte erstmals in einer Urkunde von 1298 auf und diente der Sicherung der nahe gelegenen Furt durch die Erft. Das Kloster Eppinghoven auf der anderen Seite der Erft entstand etwa zur gleichen Zeit, nämlich im Jahr 1231. Die Furt in der Erft ermöglichte den Kontakt zwischen der Burg Erprath, dem Kloster Eppinghoven und der ebenfalls benachbarten Erprather Mühle.

Die Bausubstanz des Burgturms besteht zum Teil aus römischem Abbruchmaterial. Möglicherweise stammt dies von einem Wachturm zum Schutz der nahe gelegenen Römersiedlung Novaesium. Nach dem Bau wurde der Turm eingemottet,

es wurde also ein Hügel um ihn herum aufgeschüttet. Die Kernburg auf der Motte wurde von der südwestlich liegenden Vorburg geschützt. Sie wurde auf einem bis zu zwei Meter hohen Plateau gebaut, das zur Erft und zum Gillbach terrassenförmig abfällt. Der ursprünglich wohl rund um die Burg angelegte Burggraben wurde aus dem Gillbach gespeist. Erhalten ist heute ein etwa fünf Meter langer versumpfter Bereich des Grabens.

Zweiteilige Burganlage gegen Jülich

Vermutlich wurde die Burg von der Familie von Erproide (Erprath) gebaut. Die Edelleute von Randerath übernahmen die Herrlichkeit von Erproide. Arnold von Randerath und Erprath verheiratete seine Tochter Jutta mit Adolf von Virneburg. Nach Arnolds Tod kam es in der Familie zu Erbstreitigkeiten, die 1391 mit einem Vergleich beendet wurden, in dem die Herrlichkeit Erprath an Juttas minderjährigen Sohn Ruprecht von Virneburg übertragen wurde.

Als Erwachsener verkaufte Graf Ruprecht zu Virneburg 1405 die Burg mit all ihren Ländereien an den Erzbischof von Köln, Friedrich III. von Saarwerden. Dieser konnte auf diese Weise eine Lücke in seiner Burgenkette schließen, die als Pufferzone gegen die Grafen von Jülich diente. Die strategisch günstig an einer Furt durch die Erft gelegene Burg nutzte er fortan als Landesburg. Die Anlage bestand aus einer vollkommen von Wassergräben umschlossenen, vierflügeligen, nahezu quadratischen Hauptburg, die über eine Zugbrücke mit einer dreiflügeligen Vorburg verbunden war.

Die Erprather Burg war ein Schauplatz im Truchseß'schen Krieg. Ein Stich der Brüder Abraham und Frans Hogenberg aus dem Jahr 1585 zeigt die unversehrte Burg. Im Vordergrund nahen schon die Truchseß'schen Truppen heran. Es ist eine gute Momentaufnahme der Kämpfe um die Burg. Mehrfach wechselte die Übermacht der katholischen und protestantischen Truppen, die abwechselnd das Gebäude besetzten, plünderten und in Brand setzten. Im Jahr 1586 stand nur noch eine traurige Ruine. Die Anlage wurde nicht wieder aufgebaut und verfiel.

Aus dem Dornröschenschlaf erwacht

Lange schien die Burgruine fast vergessen. Brombeerranken und Gestrüpp hatten den Turmstumpf überwuchert, sodass kein Stein mehr zu sehen war. Zwischen 2000 und 2018 wurden die alten Mauerreste vorsichtig freigelegt. Seither kann ein fünf Meter hoher Rest des Wohnturms besucht werden. Wer über die Burg spricht, hat viele Namen dafür: Erprather Burg oder Burg Erprath, Kyburg oder Kielburg. Wie es zu den volkstümlichen Bezeichnungen Kyburg und Kielburg kam, ist den Neusser Historikern nicht bekannt.

Informationen

Die Ruine ist frei zugänglich. Sie können die Ruine mit einem schönen Spaziergang an der Erft entlang erreichen, gestartet wird im Burgweg (300 m) oder an der Eppinghovener Mühle (750 m). Eine richtige Erftufer-Wanderung wird daraus, wenn Sie das Museum Insel Hombroich in 3,2 km Entfernung einbeziehen.

Kontakt

Burg Erprath
41460 Neuss-Weckhoven

Burg Flamersheim – Protestanten im katholischen Rheinland

Flamersheim ist wohl eine der ältesten Ortschaften der Region, denn es wurde 870 erstmals erwähnt. In jenem Jahr schlossen zwei Enkel Karls des Großen den Vertrag von Meerssen. Dazu reiste König Ludwig der Deutsche zu seinem Halbbruder Karl dem Kahlen, dem westfränkischen König. Es wird erzählt, dass Ludwig auf der Durchreise im kaiserlichen Jagdgebiet im Flamersheimer Wald nächtigte, aber lediglich ein marodes Jagdhaus für sein Nachtlager fand. Beim Sturz durch eine Decke des Gebäudes brach sich der unglückliche König mehrere Rippen.

Die Wasserburg am Flämmerbach

Der Kölner Erzbischof Hermann II. schenkte dem Kölner Damenstift St. Maria ad Gradus Besitz in Flamersheim, auf dem ein Fronhof entstand. Adelige Vögte verwalteten den Besitz und bauten im frühen 14. Jahrhundert am Flämmerbach die heutige Burg Flamersheim.

Es entstand ein wehrhaftes Carrée, bestehend aus dem rechteckigen Hauptgebäude, den beiden Nebengebäuden und einem Querbau. Diese wasserumwehrte Anlage war in späteren Zeiten mehrfach Fluchtpunkt für die Dorfbevölkerung. Erstmals urkundlich erwähnt wurde die Burg im Jahr 1358, als Emelrich von Ringsheim diese dem Herzog von Jülich als Lehen und Offenhaus auftrug. Ab 1429 lebte dort die Familie Krümmel von Eynatten. Im Herbst 1517 schloss Johanna von Krümmel die Ehe mit Gerhard von Palant. Ihre Tochter Sophie von Palant heiratete 1545 in die Familie Quadt ein.

Ihr Ehemann Lutter Quadt zu Landskron war bereits Mitte des 16. Jahrhunderts protestantisch geworden. Sein Sohn Bernhard richtete in der Burg Flamersheim einen Betsaal ein und gründete die erste evangelische Gemeinde. Im katholischen Rheinland war ihm das nur möglich, weil seine Lehnsherren, die Herzöge von Jülich, der reformierten Lehre angehörten.

Repräsentativer Landsitz

Dietrich Quadt ließ Anfang des 18. Jahrhunderts das schlichte Burghaus zu einem repräsentativen Barockschloss umgestalten. Die beiden Turmzimmer wurden mit Musik- und Jagdmotiven verziert. Vermutlich wurden die kunstvollen Arbeiten durch Stuckateure aus dem oberbayrischen Kloster Wessobrunn ausgeführt.

Josina Christina von Quadt, die 1746 Johann Otto Ferdinand von Dalwigk geheiratet hatte, erbte die Burg im Jahr 1776. Im selben Jahr ließ ihr Sohn Friedrich Wilhelm die Burg erneut umgestalten und den Wassergraben zwischen der Hauptburg und der Vorburg verfüllen. Der Gutshof entstand in der ersten Hälfte des 19. Jahrhunderts, in der zweiten Hälfte gestaltete Friedrich Weyhe, ein Großneffe Lennés, den Burgpark.

Im Sommer 1781 gastierten drei Bonner Musiker beim Freiherrn von Dalwigk. Der Geiger Franz Georg Rovantini und der Tenor Johann van Beethoven wurden von dessen elfjährigem Sohn Ludwig am Klavier begleitet.

Die gastfreundliche Familie von Bemberg

Um 1860 erwarb die Wuppertaler Fabrikantenwitwe Caroline Bemberg die Burganlage und machte sie zu ihrer Sommerresidenz. Dafür wurden die barocken Türme abgenommen und durch spätviktorianische Tudorhauben ersetzen. Aus dem Walmdach wurde ein Mansarddach, das um einen halben Meter erhöht und mit einem Fries dekoriert wurde.

Romantisch und stilvoll: das Hotel Nachtquartier.

Gegen Ende des Zweiten Weltkriegs hatte General Patton als US-Befehlshaber sein Quartier in der Burg Flamersheim. Von hier plante er die Einnahme der Brücke von Remagen und den Übergang der US-Truppen über den Rhein. Ende der 1960er-Jahre wollte die UdSSR die Burg als Residenz für den sowjetischen Botschafter Walentin (Veith) Falin erwerben. Zum Verkauf kam es nicht.

Der Generalinspekteur der Bundeswehr, Admiral Dieter Wellershoff, lebte von 1977 bis zu seinem Tod im Jahr 2005 im Obergeschoss der Burg. Als US-Verteidigungsminister Dick Cheney (der spätere US-Vizepräsident) und US Generalstabschef Colin Powel zu Besuch waren, glich Burg Flamersheim einer hoch gesicherten Festung.

Im Jahr 2011 nahmen die Burgherren Abschied von der Landwirtschaft. Seither betreibt Johannes von Bemberg in den ehemaligen Stallungen und Hofgebäuden die Gastronomie Landlust Burg Flamersheim und das Gourmetrestaurant Bembergs Häuschen. Aktuell saust bereits die siebte Generation derer von Bemberg mit dem Laufrad durch den Park.

Informationen

Die Burg kann nur von außen besichtigt werden. Zur Burg gehören das Hotel Nachtquartier, das Gourmet-Restaurant Bembergs Häuschen und das Gasthaus Eiflers Zeiten. Die Burg liegt an der Wasserburgen-Route, einem beliebten Radwanderweg.

Kontakt

Burg Flamersheim
53881 Euskirchen
www.burgflamersheim.de

Der Juddeturm zwischen Vorburg und Stadt.

Burg Friedestrom – Die Zollfeste in Zons

Vermutlich stand im heutigen Zons bereits eine fränkische Burg. In einer Urkunde von 1056 überließ Erzbischof Anno der polnischen Königin Richeza einen Fronhof in Zuonozo. Ein wehrhafter Ausbau zu einem castrum wird dem Erzbischof Konrad von Hochstaden zugeschrieben.

Der übernächste Erzbischof war Siegfried von Westerburg. Um seine Vormachtstellung im Rheinland zu sichern, stellte er sich im Limburger Erbfolgestreit auf die Seite des Grafen Rainald I. von Geldern. Der Konflikt eskalierte. Im Jahr 1288 standen sich die Truppen des Erzbischofs und des Herzogs Johann I. von Brabant gegenüber. In dieser Schlacht von Worringen unterlag Siegfried von Westerburg, die Burgen in Worringen, Neuenberg und Zons wurden dem Erdboden gleich gemacht.

Zollburg für Köln

Etwa 100 Jahre später war Kuno II. von Falkenstein Erzbischof in Trier. Auf sein Betreiben wurde 1370 sein Großneffe Friedrich von Saarwerden zum Erzbischof von Köln gewählt. Als Erzbischof Friedrich III. übernahm er das vollkommen überschuldete Erzbistum und führte es zu Ansehen und Wohlstand. Zu Beginn seiner Amtszeit verlegte er den Rheinzoll 1372 von Neuss nach Zons. Er verlieh Zons 1373 die Stadtrechte und gab im selben Jahr den Bau einer imposanten Zollburg in Auftrag, die nach nur vier Jahren Bauzeit bezugsfertig war. Die Befestigung der benachbarten Siedlung war 1388 beendet. Bis heute bilden die Burg und die Ortsbefestigung daher einen einheitlichen Anblick.

Die am Bauplatz der Burg vorhandene Kirche ließ Erzbischof Friedrich III. abreißen, nur der Kirchturm wurde in die Burg integriert. Die Hauptburg im Südteil der Burganlage war ursprünglich zweiflügelig, Nordflügel wird erst auf das 16. Jahrhundert datiert. Die Burgmauern waren im Süden und Osten ein wichtiger Teil der Stadtbefestigung, ergänzt durch den südlichen Zwinger. Nur durch das wehrhafte Tor in der südlichen Burgmauer gelangte man in die Vorburg und durch den Torturm unmittelbar in die Hauptburg. Ein weiterer Zugang zur Vorburg war aus der Stadt möglich. In der Südostecke der Burgmauer wurde ein halbhoher Rundturm erbaut.

Nördlich und westlich der Hauptburg befindet sich heute ein Park auf dem Areal der damaligen Vorburg. In der Nordwestecke der Vorburgmauer befindet sich der schlanke Juddeturm, dessen Name einer Kölner Patrizierfamilie namens Judde zugeschrieben wird. Sein stumpfes Pyramidendach wurde in der Barockzeit durch einen geschwungenen Helm ersetzt.

Jahrhunderte der Zerstörung

Die Erzbischöfe nach Friedrich III. schenkten der Instandhaltung der Burg wenig Beachtung. Nördlich der Hauptburg entstanden ein Herrenhaus und ein Marstall. Im Dreißigjährigen Krieg belagerte der hessische Oberst Carl von Rabenhaupt die Zollfeste. Zwar konnte er weder Burg noch Stadt einnehmen, richtete aber mit seinem Beschuss im Jahr 1646 schwere Schäden an. Die ohnehin schlecht erhaltene Bausubstanz war kaum zu retten, in der Folge mussten der Wohnturm und der Westflügel abgerissen werden. Der Wohnbereich verlagerte sich in das Herrenhaus in der Vorburg.

Im Pfälzischen Erbfolgekrieg nahm der Sonnenkönig Ludwig XIV. die Feste Zons ein. Seine holländischen und brandenburgischen Truppen blieben von 1689 bis 1697. Nach ihrem Abzug wurde Burg Friedestrom 1701 erneut von französischen Truppen eingenommen und verwüstet. Die Burg wurde nicht wieder aufgebaut und verfiel.

Die südliche Burgmauer, der Zwinger, die Windmühle und der Torturm.

Wiederaufbau als Gutshof und Kulturstätte

Im Jahr 1794 besetzten die französischen Revolutionstruppen das gesamte linksrheinische Rheinland. Das meiste Kircheneigentum wurde säkularisiert, so auch die Burg in Zons. Die französische Regierung versteigerte die Burg 1803 an den damaligen Bürgermeister Matthias Melchior Aldenhoven. Den Nordflügel gestaltete er zu einem Gutshaus um, auf den Grundmauern des früheren Westflügels baute er eine Scheune.

Gegen Ende des 19. Jahrhunderts kam die Burg in den Besitz der Freiherren von Diergardt, die sie 1962 an die Stadt Zons verkauften. Nach archäologischen Ausgrabungen wurden bis 1990 die Hauptburg restauriert und der Westflügel wieder aufgebaut. Friedestrom wird heute als Kulturzentrum genutzt.

Informationen

Der Park ist wochentags frei zugänglich, die Gebäude sind nur im Rahmen einer Führung zu besichtigen. Die Grundrisse zweier Kirchen aus dem 10. und 12. Jahrhundert sind im Innenhof mit rotem und grauem Pflaster markiert. Das gut erhaltene Herrenhaus beherbergt seit 1972 das Kreismuseum (Telefon 02133/5302-0). In der Hauptburg finden verschiedenste Kulturveranstaltungen statt. Ein Teil des Zwingers wird als Freilichtbühne genutzt und bietet besonders bei Märchenstücken die perfekte mittelalterliche Kulisse (www.maerchenspiele-zons.de).

Kontakt

Burg Friedestrom
Schlossstraße 1
41541 Dormagen

Der Turm in der Südostecke der Burganlage.

Burg Geretzhoven – Eventlocation mit Fakir

Erstmals urkundlich erwähnt wurden die Herren von Geretzhoven bereits 1177. Wann sie eine erste Burg bauten, ist nicht überliefert. Das dürfte aber spätestens Anfang des 14. Jahrhunderts gewesen sein, denn im Jahr 1328 wurde ein Reinhard von Gerarzhoven in einer Urkunde genannt. Die Ländereien gehörten zu Kurköln, spätestens ab 1352 standen sie im Eigentum des Kölner Sankt-Ursula-Stifts. Die Ritter von Geretzhoven bauten an der Stelle eines schlichten Gutshauses eine Burg.

Der Wechsel der Geschossigkeit ist gut zu erkennen.

Um 1400 lebten die Herren Kertzgin von Geretzhoven in der Burg. Die jeweiligen Familienoberhäupter waren Erbtürwärter des Erzstiftes Köln, das war eine angesehene Position. Der einfache Türwärter gehörte zum Hofgesinde und übte Pförtneraufgaben aus. Der Erbtürwärter stand zwar auch im Dienste des Erzbischofs, aber er lebte nicht in der erzbischöflichen Residenz und wurde nur gelegentlich zur Ausübung seiner Aufgabe zum erzbischöflichen Hof gerufen.

Ein großer Wirtschaftshof

Ursprünglich bestand die Burg aus zwei Teilen. Vom nördlichen ist nur noch der rechteckige Ring von Wassergräben erhalten. Der südlich an die Wassergräben angrenzende zweite Gebäudekomplex besteht heute aus einer optisch geschlossenen Anlage mit vier Flügeln. So konnte man vom Herrenhaus zu den Wirtschaftsgebäuden gelangen, ohne den Schutz der Außenmauern zu verlassen.

Wann genau die einzelnen Bauten entstanden, ist nicht bekannt. Das Herrenhaus ist das älteste erhaltene Gebäude und wird ins 16. Jahrhundert datiert. Es wurde aus Bruch- und Backsteinen erbaut. Ein interessantes Detail ist an der Nordwest- und an der Südostfront zu entdecken, denn hier wechseln die Geschosshöhen. Der südliche Teil umschließt drei Stockwerke, die nördliche Hälfte wurde in zwei Etagen aufgeteilt. Auf der Nordwestseite des Gebäudes befinden sich zwei runde Türme. Der westliche Turm hat einen deutlich kleineren Durchmesser als der kräftigere nördliche Turm.

Die Burg war ursprünglich vollständig von Wassergräben umgeben, gespeist werden die Gräben vom Totengraben, einem kleinen Zufluss des Gillbachs. Der die beiden nördlichen Mauern umfassende Graben ist bis heute mit Wasser gefüllt. Ein Tor führt in den Hof der Hauptburg. Über dem Bogen sind die Löcher zu erkennen, durch die einst die Kette der Zugbrücke gespannt lag.

Die Freiherren von Bodelschwingh-Plettenberg

Im Jahr 1688 fiel die Burg an den Freiherrn Wessel Wyrich von Bodelschwingh, einen königlich-preußischen General-Kriegscommisarius und Erbhüter des Erzstifts Köln. Er hatte zuvor Almuth Louisa von Ketzgen geheiratet, die letzte Erbtochter derer von Geretzhoven.

Ihre Tochter Amelie Wilhelmine von Bodelschwingh war mit dem Freiherrn Ferdinand Christoph von Plettenberg zu Heeren verheiratet. Ihre gemeinsamen Nachkommen nahmen den Namen von Bodelschwingh-Plettenberg an und blieben bis 1867 Eigentümer der Burg. Im Jahr 1920 führte die Familie Bodelschwingh-Plettenberg eine umfangreiche Restaurierung durch.

Erhaltung durch Veranstaltung

Anfang der 1990er-Jahre erfüllte sich Fakir Alyn den Traum einer eigenen Burg. Seither finden auf Geretzhoven akribisch geplante Mittelalterfeste statt, bei denen alles gezeigt wird, was sich der moderne Mensch unter Mittelalter so vorstellt: Ritterlager, Schwertkämpfe, Schmiedekunst und wilde Vagabundenmusik. Die Veranstaltung ist auch bei Mittelaltergruppen beliebt, die auf den Wiesen ihre Zelte aufbauen und dem Fest mit ihrem Lagerlegen und den verschiedenen Marktständen auf dem Mittelaltermarkt ein ganz besonderes Flair geben. Natürlich ist der Gastgeber Fakir Alyn stets mit seinen akrobatischen Vorführungen zu sehen. Höhepunkte der Veranstaltung sind für die meisten Besucher das Ritterturnier und die Greifvogelschau.

Die Unterhaltung der Wasserburg wird neben den Mittelalterfesten durch die Nutzung als Eventlocation sichergestellt. Unter dem Namen „Alte Miste" wurde die freistehende Remise zum Veranstaltungssaal für bis zu 150 Gäste umgebaut. Der Rittersaal, das Kaminzimmer und das Turmzimmer werden für Trauungen und andere Veranstaltungen genutzt.

Informationen

Die Burg ist nur im Rahmen von Veranstaltungen für Besucher geöffnet. Im Sommer wird im Burggelände ein Biergarten betrieben. Mittelalterfest am zweiten Wochenende im April.

Kontakt

Burg Geretzhoven
L213 (Nikolaus-Adams-Straße)
50129 Bergheim
www.wasserburg-geretzhoven.de

Blick durch das Tor zur Alten Miste.

Godesburg – Fluchtpunkt mit Aussicht

Bereits in der Steinzeit erkannten die Menschen im Godesberg einen großartigen Fluchtpunkt mit guter Aussicht. Kelten, Germanen, Römer und Franken machten sich in späteren Jahrhunderten die günstige Lage des erloschenen Vulkans zunutze.

Wehrhafter Vorposten des Kölner Erzstifts

Die heutige Gipfelburg mit dem ovalen Grundriss wurde auf Betreiben des Kölner Erzbischofs Dietrich I. von Hengebach um einen noch erhaltenen römischen Wachturm erbaut. Am 15. Oktober 1210 legte er den Grundstein.

Sein Nachfolger im Amt, Erzbischof Konrad von Hochstaden, ergänzte den Bau im Jahr 1244 um die ersten fünf Geschosse des Bergfrieds. Unter Erzbischof Walram von Jülich wuchs der Bergfried in den 1340er-Jahren auf insgesamt 32 m Höhe an und wurde um einen Wehrgang ergänzt. Ebenfalls im 14. Jahrhundert wurde die Vorburg mit ihren Ringmauern und Schalentürmen gebaut, die Godesburg war nun eine der wichtigsten erzbischöflichen Residenzburgen.

Heiratswütige Erzbischöfe und der Truchseß'sche Krieg

Das Schicksal der Godesburg entschied sich durch zwei aufeinanderfolgende Kölner Erzbischöfe, die Schwierigkeiten damit hatten, sich zwischen der Kirche und der Ehe zu entscheiden. Saletin von Isenburg war als Zweitgeborener in den geistlichen Stand eingetreten. Nach dem Tod seiner zwei Brüder war er der einzige männliche Nachkomme und entschied sich 1577 für einen Rücktritt als Erzbischof. Er heiratete Gräfin Antonia Wilhelmina von Arenberg.

Gebhard Truchseß von Waldburg-Trauchburg wurde in einer knappen Wahl zu seinem Nachfolger. Bald nach seiner Ernennung zum Erzbischof und Kurfürst begann Gebhard I. ein Liebesverhältnis zur protestantischen Gräfin Agnes von Mansfeld-Eisleben, einer Stiftsdame im adligen Frauenstift St. Hippolyt in Gerresheim. Sie wird in zeitgenössischen Schriften als dunkle Schönheit mit tiefbraunen Augen beschrieben. Aus Liebe zu Agnes konvertierte Erzbischof Gebhard I. zum Calvinismus. Hierdurch verlor er seinen Status als Erzbischof, wollte aber sein weltliches Amt als Kurfürst weiterführen und das Erzstift Köln in ein erbliches und protestantisches Herzogtum umwandeln. Damit machte er sich die katholische Kirche zum Feind, Papst Gregor XIII. belegte ihn mit dem Kirchenbann. Reichsrechtlich wäre er nach § 18 des Augsburger Religionsfriedens dazu verpflichtet gewesen, nach dem Religionswechsel sein Amt und sein Territorium zu verlassen. Der Streit eskalierte zu einem Krieg, der sowohl Kölner Krieg als auch Truchseß'scher Krieg genannt wurde.

Agnes und Gebhard heirateten im Februar 1583 und lebten in der Godesburg. Der im Mai 1583 gewählte Kurfürst Ernst von Bayern belagerte mit seinen bayerisch-spanischen Truppen den Godesberg. Aus Verzweiflung, weil die Belagerung der Burg keinen Erfolg zeigte, holten sich die bayerischen Belagerer Bergbaufachleute aus der Eifel, ließen einen Stollen in den Burgberg treiben, befüllten ihn mit Sprengstoff und jagten das Ganze in die Luft. Daraufhin kletterten einige Belagerer durch das Gemach (den Außenabort) in die Burg und überwältigten

Der Innenhof mit dem Bergfried.

Fragile Mauerruinen.

die Besatzung. Gebhard flüchtete nach Westfalen, was Kriegsschäden in weiten Teilen des Erzbistums Köln und des Herzogtums Westfalen nach sich zog.

Kaiserliches Geschenk

Die Godesburg wurde nicht wieder aufgebaut. Kurfürst Joseph Clemens von Wittelsbach hatte zwar 1715 den französischen Hofbaumeister Robert de Cotte mit der Planung beauftragt, es kam aber nie zum Wiederaufbau. Kaiser Wilhelm II. unternahm 1891 eine Reise durch die Rheinprovinz und machte u. a. in Godesberg Station. Er muss wohl sehr angetan von dem freundlichen Empfang gewesen sein, denn er kam ohne langes Zögern den Bitten der Bevölkerung nach und schenkte der Stadt Godesberg die Burgruine.

Die Burg wurde 1959 nach Plänen von Gottfried Böhm umgebaut. Die alte Gastronomie wurde durch ein Hotel-Restaurant ersetzt. Inzwischen ist der Hotelteil zu Wohnungen umfunktioniert worden, das Restaurant ist in Betrieb. Bei Sanierungen im Jahr 2006 entstanden ein kleines Informationszentrum zur Geschichte der Burg im Bergfried und eine Aussichtsplattform auf der Turmspitze.

Informationen

Im Burghof zeigt das 2010 von Friedemann Sander geschaffene Bronzemodell der unzerstörten Burg sehr anschaulich die Größe und Bedeutung der einstigen Godesburg. Frei zugängliche Außenanlagen, Turmbesteigung gegen Eintrittsgeld. Beim Auf- oder Abstieg sollten Sie den Burgfriedhof unterhalb der Burgruine besuchen, auf dem zahlreiche Berühmtheiten zur letzten Ruhe gelegt wurden. Restaurant Godesburg, Gastronomie und Eventlocation, www.godesburg-bonn.de

Kontakt

Godesburg
Auf dem Godesberg 5
53177 Bonn
www.godesburg-bonn.de (Restaurant)

Schloss Gymnich – Gästehaus der Bundesregierung

Als die Römer im Rheinland siedelten, baute ein Geminius eine Siedlung, die nach ihm benannt wurde, so vermutet man. Aus Geminiacum wurde im Laufe der Jahrhundert Gimnich, unter diesem Namen wurde der Ort 1121 in einer Urkunde erstmals erwähnt.

Das Schilfhuhn im Wappen

Der Sage nach war Ritter Arnold von Gimmenich ein enger Vertrauter Kaiser Friedrichs II. und nahm 1217 bis 1221 mit ihm am Fünften Kreuzzug teil. Dieser Kreuzzug führte sie in die Nähe der ägyptischen Stadt Damiette. Ritter Arnold geriet in den Sümpfen des Nildeltas in Lebensgefahr. In höchster Not gelobte er, für seine Rettung alljährlich eine festliche Prozession durchzuführen. Nach diesem Schwur, so die Sage, habe ein auffliegendes Schilfhuhn das Pferd Arnolds derartig erschreckt, dass es mit einem gewaltigen Satz sich und den Kreuzritter aus dem Sumpf befreite. Nach seiner Heimkehr hielt er Wort. Arnolds Dankesprozession führt bis heute alljährlich als Gymnicher Ritt um die Gemarkung Gymnich.

Bereits 1139 wurde Azelin von Gymnich, ein erzbischöflicher Ministerialer (Dienstmann), erwähnt. Einer seiner Nachkommen, Heinrich I. von Gymnich, baute 1354 am westlichen Ortsrand die erste Burg. Sie war Offenhaus und Lehen des Kölner Erzbischofs. Heinrichs Enkel, Heinrich II., überfiel und schädigte andere erzbischöfliche Lehnsleute, woraufhin der neue Erzbischof Friedrich von Saarwerden 1399 die Burg zerstören ließ.

Eine Wasserburg in der Erftaue

Ein Nachfolgebau entstand bald darauf etwas östlich der ursprünglichen Burg. Ab 1547 sind wieder Baumaßnahmen belegt. Im Dreißigjährigen Krieg wurde die Burg gebrandschatzt und zerstört. Das Herrenhaus wurde ab 1655 im Barockstil zweigeschossig aus Backstein wiederaufgebaut. Intakte Teile des Vorgängerbaus wurden indes integriert und wiederverwendet. Die Gewölbekeller im Südflügel und der Sockel des Rundturms mit seinem Dreipassfries in der Südostecke stammen von der mittelalterlichen Burg. Gebaut wurde das Herrenhaus auf einer

Schloss Gymnich im 19. Jahrhundert.

rechteckigen, nahezu quadratischen Insel, deren Wassergräben bis heute erhalten sind. Auch die Vorburg war durch Wassergräben geschützt. Sie war ursprünglich dreiflügelig, der Nordflügel wurde 1910 abgerissen.

Im Jahr 1738 wurde der heutige Ostflügel mit dem markanten nördlichen Eckturm unter dem kurkölnischen Vize- und Hofratspräsident und Ersten Staatsminister, Karl Otto Ludwig Theodat von und zu Gymnich, errichtet. Theodat ließ die Rokoko-Ausstattung der Innenräume durch Künstler des kurfürstlichen Hofes gestalten.

Mit dem Tod Clemens Augusts Ferdinand Freiherr von und zu Gymnich (1806) und seiner Schwester Johanna Maria Magdalena Felicitas Freiin von Gymnich (1825) starb die Adelsfamilie vollständig aus. Das Schloss ging im Erbgang an ihren Liblarer Großneffen Max Felix Reichsgraf Wolff Metternich zur Gracht, der den Westflügel als Erweiterung des Südflügels errichtete. Seine Enkelin Vilma Reichsgräfin Wolff-Metternich heiratete den österreich-ungarischen Rittmeister a. D. Franz Vicomte de Maistre. Nachdem ihr Sohn Rudolf 1968 kinderlos gestorben war, wurde dessen Neffe, Vilmas Enkel Jörg Freiherr Holzschuher von Harrlach, Nacherbe.

Berühmte Gäste und Bewohner

Holzschuher setzte das Schloss instand und vermietete es von 1971 bis 1990 an die Bundesregierung, die es als Gästehaus nutzte. Ganze 269 Staatsgäste wohnten während ihrer Staatsbesuche hier, als erste Indira Gandhi, später weitere große Persönlichkeiten wie Ronald Reagan, Königin Silvia und Queen Elisabeth II.

Mehrere Eigentümerwechsel folgten, ohne dass die jeweiligen Pläne für ein Luxushotel umgesetzt werden konnten. Mitte 1998 erwarb Dan Kelly, der Vater der Großfamilie und Musikgruppe The Kelly Family das Schloss und lebte bis zu seinem Tod im Jahr 2002 darin, anfangs mit seinen Kindern, später allein. Seine zwölf erbberechtigten Kinder konnten sich weder über einen Verkauf noch über eine Nachnutzung einigen. Im Jahr 2012 bekam der Kölner Industrieversicherungsmakler Gerd Overlack bei der Zwangsversteigerung den Zuschlag.

Informationen

Überregional bekannt ist Gymnich durch den sog. „Gymnicher Ritt", eine Fuß- und Reiterprozession zu Christi Himmelfahrt, denen Ursprünge laut einer Sage bis ins Mittelalter zurückreicht. Der Prozessionsweg für die Fußpilger ist etwa 12 km lang.

Kontakt

Schloss Gymnich
Balkhausener Straße 2
50374 Erftstadt
Telefon 02235/4019040

Schloss Hülchrath – Von der Motte zum Hochschloss

In der Niederung von Erft und Gillbach wurde um das Jahr 900 eine Flachsiedlung gegründet, die mit Palisaden gesichert war. Etwa im Jahr 1000 bauten die Bewohner eine Motte mit einem hölzernen Wachturm. Bei der Anlage des fast runden Mottenhügels wurde ein Graben ausgehoben, beides ist bis heute an der Hauptburg zu erkennen.

Die wehrhafte Burg im Gillgau

Aus der Motte muss bald eine feste Burg entstanden sein, denn in einer Urkunde von 1120 wurde sie als sehr alte und stark befestigte Burg (castellum vetustussimum et munitissimum) bezeichnet. In dieser Zeit wurde der im Innenhof des Hochschlosses als Rudiment erhaltene steinerne Rundturm errichtet. Die Burg war vermutlich der Sitz der Grafen des Gillgaus, der bis zur Stadtgrenze von Köln reichte. Im Jahr 1175 starb mit Hermann von Hülchrath der letzte männliche Erbe, die Burg ging über seine Schwester Agnes an ihren Ehemann Graf Heinrich II. von Sayn. Der gemeinsame Sohn Heinrich III. veranlasste einen Ausbau der Burganlage. Er legte eine mächtige Ringmauer mit Rundtürmen an. Ihm werden außerdem der Bergfried, der Palas, der Torturm, die drei Schalentürme und die nördliche Schildmauer zugeschrieben. Heinrich III. starb 1247 ohne männliche Nachkommen und vererbte Hülchrath seinem Neffen Simon von Sponheim.

Landesburg für Köln

Seit 1307 gehörte die Burg im benachbarten Grevenbroich zum Herzogtum Jülich. Der Kölner Erzbischof Heinrich von Virneburg kaufte deshalb 1314 die Burg Hülchrath, um damit seine Verteidigungslinie zu stärken. Nun hatte er zusammenhängende Ländereien von Neuss bis Köln. Sein Nachfolger Wilhelm von Gennep baute die Burg zwischen 1349 und 1362 im gotischen Stil aus, befestigte sie und ergänzte sie um eine Vorburg. Gleichzeitig verstärkte er den Mauerring und den Torturm.

Bei der Wahl seines Baumaterials war er nicht zimperlich. Nachdem im Pestjahr 1349 die jüdische Gemeinde aus Köln vertrieben und der jüdische Friedhof Judenbüchel in Köln-Raderberg verwüstet worden war, wurden Grabsteine mit hebräischen Inschriften von ihm als Kragsteine zweckentfremdet.

Die Jülicher verwüsteten Burg Hülchrath bei einer Belagerung im Jahr 1499, sie wurde sofort wieder aufgebaut und um einen Palas ergänzt. Später folgte eine weitere Sicherung durch einen Zwinger. Als im Truchseß'schen Krieg 1583 die Truppen des Herzogs Friedrich von Sachsen-Lauenburg Breschen in die Mauern geschossen und die schützenden Wassergräben trockengelegt hatten, ergaben sich die Burgbewohner und verhinderten das Schicksal vieler in diesem Krieg vollkommen zerstörter Burgen.

Erzbischof Ferdinand von Bayern ließ 1609 die Schäden beheben und baute die Burg weiter aus. Im Burghof entstand eine doppelgeschossige Arkade und der Palas erhielt eine Fassade im Stil der italienischen Spätrenaissance. Neben dem gotischen Torturm ließ der Erzbischof einen mächtigen Rundturm erbauen, der mit Kanonen bestückt werden konnte. Trotz dieser neuen Wehrhaftigkeit wurde Hülchrath im Dreißigjährigen Krieg 1642 und im französisch-niederländischen

Krieg 1688 eingenommen und zerstört. Nach dem Einmarsch der Franzosen wurde das Kircheneigentum säkularisiert. Freiherr von Pröpper, der letzte kurkölnische Amtmann, kaufte die Burg 1803. Nur die Vorburg war noch bewohnbar, er musste große Teile der Hochburg abreißen lassen.

Märchenschloss und Ordensburg

Nach einigen Burgherrenwechseln erwarb Graf Emo von Bennigsen im Jahr 1907 die Burg. Er ließ viele der ruinösen Bauteile abtragen und ersetzen. Im Innenhof der Hauptburg und entlang der Ringmauer fügte er neue Gebäude ein. Aus der Ruine entstand ein verträumtes Schloss im romantisierenden Stil der Neugotik. Zahlreiche verschiedene Eigentümer folgten dem Grafen, darunter vier Fabrikanten und die Landesbauernschaft. Ab 1937 nutzten die Nationalsozialisten das Schloss als NS-Ordensburg. Nach Kriegsende wurden im Schloss Kriegsflüchtlinge aus den ehemaligen deutschen Ostgebieten untergebracht. Theo Wennmacher kaufte das Schloss 1957 und beseitigte die Kriegsschäden. Heute wird das Schloss von der Familie Wennmacher und ihren Mietern bewohnt.

Der Zugang zum Schloss und die Vorburg.

Informationen

Auf der Homepage des Schlosses ist ein sehr anschaulicher Schlossrundgang mit Fotos zu finden. Der Tatort „Es lebe der König" aus dem Jahr 2020 wurde auf Schloss Hülchrath gedreht und enthält viele schöne Aufnahmen aus allen Teilen des Schlosses. Die Burganlage – Hochschloss und Vorburg – und das umgebende Gelände ist nach Terminabsprache mit dem Eigentümer zugänglich.

Kontakt

Schloss Hülchrath
Schloss Hülchrath 1
41516 Grevenbroich
www.schloss-huelchrath.de (Schellhas Event & Catering)

Zitadelle und Schloss Jülich – Die uneinnehmbare Festung

Kaum ein anderer Name hat die Geschichte des Rheinlandes so stark geprägt wie Jülich. Das römische Iuliacum lag eine Tagesetappe von Köln entfernt an der Fernhandelsstraße nach Boulogne-sur-Mer. Um 310 bauten die Römer ein fast rundes Kastell mit zahlreichen Türmen. Nach dem Abzug der Römer im Jahr 460 machten die Franken den befestigten Ort zum Krongut.

Der Jülich-Gau und die Grafschaft Jülich

Der Jülich-Gau wurde im 9. Jahrhundert zur Grafschaft Jülich. Die Grafen von Jülich gewannen schnell an Macht und bauten im heutigen Stadtteil Altenburg eine Motte, die im 13. Jahrhundert in den Machtkämpfen mit den Erzbischöfen von Köln mehrfach zerstört wurde. Graf Wilhelm I. verlegte daher 1190 seine Residenz in die schwerer einnehmbare Höhenburg Nideggen.

Zuvor hatten die Jülicher das spätrömische Kastell als Grafenburg genutzt. Die Hauptlinie der Jülicher, inzwischen zu Herzögen erhoben, starb 1423 aus. Adolf VII. aus der Seitenlinie Jülich-Berg bildete ein Doppelherzogtum. Wilhelm IV. von Jülich-Berg verheiratete seine Tochter Maria mit Johann von Kleve-Mark und setzte sie zu seiner Erbin ein. So wurde Johann der Friedfertige nach dem Tod seines Schwiegervaters 1511 zum Herzog von Jülich-Berg und herrschte nach dem Tod des eigenen Vaters 1521 über die Vereinigten Herzogtümer Jülich-Kleve-Berg. Seine Tochter Anna heiratete 1540 den englischen König Heinrich VIII. Sein Sohn übernahm das Herzogtum 1539 als Wilhelm V., genannt „der Reiche".

Die Zitadelle und das Schloss

Wilhelm V. verlor im Krieg mit Kaiser Karl V. um das Herzogtum Geldern seine Burgen in Nideggen, die den modernen Pulvergeschützen nicht hatten standhalten können. Um seine Machtposition wiederzuerlangen, baute er in seinen drei Herzogtümern moderne Festungen. Für das Herzogtum Jülich beauftragte er den italienischen Baumeister Alessandro Pasqualini mit dem Bau einer uneinnehmbaren Festung. Nach dem großen Stadtbrand 1547 entstand in Jülich eine fünfeckige Idealstadt, an deren Ostseite sich die Zitadelle anschloss, die das Residenzschloss schützte. Dieser palazzo in fortezza gilt als eines der ältesten und bedeutendsten Bauwerke der italienischen Hochrenaissance in Deutschland.

Die 1543 bis 1580 erbaute Zitadelle mit ihren vier pfeilförmigen Bastionen ermöglichte eine Rundumverteidigung ohne tote Winkel. Die etwa 12,5 m hohe Festungsmauer ist 2,2 km lang und umfasst mit dem Graben ein beeindruckendes Areal von 90 000 Quadratmetern. Umgeben wird sie von einem zehn Meter tiefen und bis zu 30 Meter breiten Wallgraben, der in früheren Zeiten geflutet werden konnte, um die Sicherheit weiter zu erhöhen.

Der Grundstein für das Residenzschloss wurde 1549 gelegt, es bildet baulich eine Einheit mit den umgebenden Festungsbereichen. Die meisten Teile von Schloss und Zitadelle wurden aus Feldbrandziegeln gemauert und zum Teil mit Aachener Blaustein verziert und verstärkt. Das zweigeschossige Schloss wurde als Vierflügelanlage im Stil der italienischen Hochrenaissance konzipiert und alle Ecken wurden mit Türmen versehen.

Obwohl Wilhelm der Reiche mit seiner zweiten Frau Maria von Österreich fünf Töchter und zwei Söhne hatte, konnte er das Ende seines Herzogtums nicht verhindern. Sein Stammhalter Karl Friedrich starb in Rom als 19-Jähriger auf einer Grand Tour, der damals üblichen Bildungsreise für junge Adelige, an den Blattern. Sein jüngerer Bruder Johann Wilhelm war zwar bereits mit elf Jahren Bischof von Münster geworden, wurde aber psychisch krank und blieb kinderlos. Mit seinem Tod starb das Herzogtum im Mannesstamm aus und zog den Jülich-Klevischen Erbfolgestreit nach sich.

Vom Herzogschloss zum Museum

Die Zitadelle und das Schloss wurden ab 1610 mehrfach belagert und eingenommen. In den folgenden Jahrhunderten wurden die Gebäude als Kaserne, Militärvorbereitungsschule und NS-Gefängnis genutzt. Im Zweiten Weltkrieg dienten die Kasematten der Zitadelle als Luftschutzbunker. Nach schweren Kriegsschäden und Bergschäden durch den Braunkohlentagebau wurde das Bauwerk seit den 1970er-Jahren restauriert und ist heute das kulturelle und touristische Zentrum der Stadt.

Informationen

Im Schlosskeller zeigt das Museum Zitadelle Jülich alle wesentlichen Eckpunkte der Jülicher Geschichte von den Römern über die Herzöge bis zu den Preußen. Von April bis Oktober führen die öffentlichen Sonntagsführungen durch die Zitadelle und die Sonderausstellungen, von Mai bis September wird zusätzlich ein großer Kasemattenrundgang angeboten.

Kontakt

Zitadelle
52428 Jülich
Telefon 02461/937580
www.juelich.de/museum

Ein unüberwindbarer Wallgraben schützte die Jülicher.

Die Kasematten der Zitadelle.

Burg Kendenich – Panoramablick über die Rheinebene

Auf diesem Hang des Villerückens wussten offenbar bereits die Römer die ausgedehnte Fernsicht in die Rheinebene zu schätzen, denn auf dem Gelände der jetzigen Burg wurden Reste einer größeren Römervilla entdeckt.

Mittelalterliche Burg

In einer Schenkungsurkunde von 941 erwähnte der Kölner Erzbischof Wichfrid Kendenich erstmals urkundlich, als er dem Cäcilienstift den Zehnten vom Herrenhof zu Cantenich zusprach. Im 12. Jahrhundert gehörte die Burg vermutlich der Familie Birklin, einem angesehenen Kölner Patriziergeschlecht. Die Herren von Kendenich wurden zu dieser Zeit als Mannen des Kölner Erzstiftes erwähnt. Ab dem 13. Jahrhundert gehörte Kendenich zum Amt Brühl. Die Herren von Frenz und ihre Nachfolger auf der Burg Kendenich hatten dabei stets eine eigene Unterherrschaft, also eine eigene Gerichtsbarkeit für ihr Herrschaftsgebiet. Im Jahr 1269 wurde ein Vogt von Kendenich namens Philipp in einer Urkunde als Zeuge erwähnt. Sein Sohn Heinrich von Kendenich half 1285 bei der Befestigung der Burg Brühl und wurde dafür von Erzbischof Siegfried zum ersten Burggrafen von Kendenich eingesetzt. Einer seiner Nachkommen war der 1329 und 1342 erwähnte Ritter Philipp von Kendenich, der Vogt zu Brauweiler war. Vermählt war er mit Lisa, der Tochter Cunos von Fischenich.

Die Familien Orsbeck und Raitz von Frentz

Damian (oder Dham) von Orsbeck kaufte 1517 die Burganlage. Seine Schwester Agnes war mit Robert Freiherr Raitz von Frentz verheiratet. 1550 teilte Damian mit Genehmigung des Kurfürsten Adolf von Köln die Herrschaft Kendenich in zwei Teile. Seiner Schwester und seinem Schwager verkaufte er den Burghof für 3000 Goldgulden. Er selbst behielt die Hofstätte im Dorf, auf die er den Orsbecker Hof baute. Dieser fiel später an den Freiherrn Raitz von Frentz zu Stollberg und heißt heute Frentzenhof.

Sigismund Raitz von Frentz war Hausmarschall, Erbkämmerer und Landhofmeister im Erzstift Köln, er wurde 1635 in den Reichsfreiherrenstand erhoben. Ab 1660 ließ er an der Südseite der Burg ein prächtiges dreigeschossiges Herrenhaus als Wasserburg bauen. Das mehrfach geschweifte Zeltdach ist mit symmetrisch angeordneten Dachgauben verziert. In der Mitte schließt die Burg mit einem kleinen Turm mit Zwiebeldach ab. Sigismunds Tochter brachte die Burg mit in die Ehe, als sie Ambrosius Alexander von Reuschenberg zu Setterich heiratete. Die 1667 gebaute östliche Vorburg trägt deshalb das Wappen der Familie Reuschenberg.

Der Kölner Bürgermeister Franz Jakob Gabriel de Groote, Herr zu Thurn und Wolfskehl, und seine Gemahlin Maria von und zum Pütz kauften das Anwesen im Jahr 1766 für 47 000 Reichstaler. Sie bauten 1771 den nördlichen Vorburgflügel und die Bogenbrücke über den inneren Wassergraben. Durch die Burg stieg Groote so sehr im Ansehen seiner Zeitgenossen, dass er 1780 in den Adelsstand erhoben wurde. Fortan trug seine Familie den Titel Edle von Groote zu Kendenich.

Im 19. Jahrhundert entstand westlich der Hauptburg eine weitere Vorburg. Die Enkelin Maria Theresia Walburga de Groote brachte 1821 bei ihrer Eheschließung mit Philipp von Kempis die Burg Kendenich in die Ehe. Die Familie ließ das Eingangsportal im klassizistischen Stil umgestalten und ergänzte es durch das Allianzwappen Groote-Kempis.

Die Erbengemeinschaft von Kempis tauschte 1964 mit der Stadt Hürth die Burg Kendenich gegen das Gut Horbell. Der als „Burgenkönig" bekannt gewordene Immobilienunternehmer Herbert Hillebrand übernahm die Burg 1978, sanierte sie und schuf darin 42 Wohnungen.

Aufgang und Hoftor Burg Kendenich.

Der Eckturm zwischen West- und Nordflügel der Vorburg, gut verborgen zwischen den Bäumen.

Sagenhaft

Burg Kendenich tauchte 1816 sogar in der Sammlung „Deutsche Sagen" von Jacob und Wilhelm Grimm auf. Unter der Überschrift „Nachtgeist zu Kendenich" schrieben die Brüder Grimm: „Auf dem alten Rittersitz Kendenich, etwa zwei Stunden von Köln am Rhein, ist ein mooriger, von Schilf und Erlensträuchen dicht bewachsener Sumpf. Dort sitzt eine Nonne verborgen, und keiner mag am Abend an ihr vorübergehen, dem sie nicht auf den Rücken zu springen sucht. Wen sie erreicht, der muß sie tragen, und sie treibt und jagt ihn durch die ganze Nacht, bis er ohnmächtig zur Erde stürzt."

Informationen

Besichtigungen sind nur von außen möglich. Die Burg Kendenich liegt am Jakobsweg von Köln nach Trier. Eine schöne Wanderung ergibt sich, wenn Sie von der Kirche St. Mariä Geburt in Efferen den stilisierten Muschelsymbolen des Jakobswegs folgen. Dabei passieren Sie die Burg Efferen, den Römerkanal und den Burgpark in Hermülheim, die Burg Kendenich und die Burgruine Fischenich. Von dort geht es bergab zum Haltepunkt Fischenich der Vorgebirgsbahn und mit der Linie 18 zurück nach Efferen.

Kontakt

Burg Kendenich
Am Kempishof/Nussallee
50354 Hürth

Burg Konradsheim – Juwel im Schatten der Landesburg

Ein Ort namens Cunresheim, also wohl die Wohnstatt eines Franken namens Cunrich, wurde erstmals in einer Handschrift des Benediktinerklosters im heutigen Köln-Deutz erwähnt, die ungefähr auf das Jahr 1155 datiert wird.

Kurkölnisches Offenhaus

Es lässt sich genau sagen, wann Burg Konradsheim gebaut wurde: Am 1. März 1337 übertrug Ritter Arnold von Buschfeld dem Kölner Erzbischof Walram von Jülich das Offenhausrecht an seinem aus eigenen Mitteln erbauten befestigten Haus in Konradsheim bei Lechenich („domum seu munitionem in Conrisheim propre Lechnich"). In der Urkunde betonte er die ausdrückliche Zustimmung seiner Ehefrau Katharina zu diesem Rechtsgeschäft. Dem Erzbischof war dieses jederzeitige Nutzungsrecht 400 kleine Goldgulden wert. Es kann davon ausgegangen werden, dass Ritter Arnold das befestigte Haus mit der Vorburg und allen Gebäuden innerhalb der Gräben erst kurz vor dieser Beurkundung fertiggestellt hatte. In der Lehnsurkunde sicherte der Erzbischof dem Ritter ausdrücklich die männliche und die weibliche Erbfolge zu.

Rückbau, Neuaufbau und Verfall

Ihre Nähe zur nur anderthalb Kilometer entfernten kurkölnischen Landesburg Lechenich sah der nachfolgende Erzbischof Wilhelm von Gennep nicht gern. Als er Arnolds Nachfolger, Gerhard Beissel von dem Weyer, im Jahr 1354 Burg Konradsheim übergab und ihn belehnte, verpflichtete sich der neue Besitzer zum Abriss der wehrhaften Teile der Burg. Also mussten Zinnen, Befestigungen und Wehrgänge entfernt und die Wehrmauern bis zur niedersten Fensterbank abgebrochen werden. Das Wohnhaus blieb erhalten. Der bedauernswerte Burgherr musste zudem die Kosten der Besetzung tragen.

Mehrere rheinische Adelsfamilien lebten in der Burg Konradsheim. Ab dem 16. Jahrhundert taucht der Familienname von Konradsheim in Urkunden auf. Wilhelm Hase (Schreibweise auch Haes) von Konradsheim und seine Ehefrau Agnes von Bernsau veranlassten 1548 eine umfängliche Sanierung, bei der u. a. auf der Westseite des Wohnhauses ein Erker aus rotem Sandstein in den Formen der Spätgotik und Frührenaissance gebaut wurde.

Durch die Eheschließung der Erbtochter Sophia Haes mit Wessel von Loë ging die Burg 1617 in den Besitz der Herren von Loë zu Wissen über. Diese wohnten bei Kleve und kümmerten sich wenig um die Instandhaltung der Bausubstanz. Zeichnungen und Gemälde zeitgenössischer Künstler zeigten in den Jahren 1864 und 1877 eine vom Zerfall betroffene Burg mit dem um 1870 eingestürzten Südwest-Eckturm. Außerhalb der ehemaligen Vorburg entstand 1886 der Gutshof. Sofia von Loë zu Wissen und ihr Ehemann Freiherr von Twickel zu Billerbeck verkauften den Hof 1905 an die Familie Pilgram aus Herrig.

Rettung durch den Landeskonservator

Den fortschreitenden Verfall konnte der stellvertretende Landeskonservator Theodor Wildemann nicht mitansehen. Er veranlasste 1933 erste wichtige Instandsetzungsarbeiten und 1938 den Erwerb der Burg durch die Provinzialverwaltung der Rheinprovinz von der Familie von Loë. Sofort ließ er das Dach und die Stufengiebel erneuern, danach veranlasste er die Rekonstruktion des hölzernen Laufgangs auf der Hofseite. Die durch den Zweiten Weltkrieg unterbrochene Restaurierung wurde ab 1960 fortgesetzt.

Im Jahr 1967 ging das Hofeigentum an die Familie Neisse über. Währenddessen führte der Landschaftsverband Rheinland die Rekonstruktion der Burg weiter. Der nordöstliche Nebenflügel des Torhauses wurde 1964 fertiggestellt und eine Dienstwohnung für den Landeskonservator Professor Dr. Rudolf Wesenberg mit Frau und Kindern eingerichtet. Der südliche Eckturm wurde 1972 wieder aufgebaut.

Als 1976 über die zukünftige Nutzung der Burg nachgedacht wurde, entschloss sich die Familie Neisse zum Kauf. So waren Burg und Burghof wieder in einer Hand. Die Familie sanierte mit großem finanziellem und persönlichem Einsatz das Burginnere und baute eine Heizungsanlage ein. Seit 2009 ist die Burg ein beliebter Ort für Trauungen und andere Events. Bis heute ist die Hauptburg von Wassergräben umschlossen, die nur über die ehemalige Zugbrücke und einen Dammweg überwunden werden können.

Informationen

Besichtigung nur von außen und im Rahmen einer Veranstaltung. In der ehemaligen Vorburg befindet sich die Gastronomie des angrenzenden Golfplatzes. Auf der Burg finden Konzerte, Musicaldinner und Messen statt.

Kontakt

Burg Konradsheim
Frenzenstraße 201
50374 Erftstadt
Telefon 02235/690180
www.burg-konradsheim.de

Ein liebevoll gepflasterter Weg führt die Besucher in die Burg.

Schlossparkblick auf den Palas.

Landesburg Lechenich – Das Kastell an der Erft

Funde aus der Zeit von 4900 bis 4700 vor Christus belegen die ältesten Siedlungsspuren im heutigen Lechenich. Die Römersiedlung Lachnechacum westlich der heutigen Altstadt wird archäologisch in das zweite nachchristliche Jahrhundert datiert. Südlich davon entstand im Frühmittelalter eine neue Siedlung mit einer Kirche und einem Fronhof, der um 650 im Eigentum des Kölner Bischofs Kunibert stand.

Die alte Landesburg

Die Kölner Erzbischöfe waren sich der günstigen Lage am Erftübergang der Römerstraße von Köln nach Zülpich bewusst und bauten Mitte des 11. Jahrhunderts den Fronhof zu einer Turmhügelburg (Motte) aus. Nach ihrer Zerstörung wurde sie durch eine größere Wasserburg ersetzt. Diese wurde 1138 als curia Lecheniche erwähnt und bekam in den Territorialkämpfen der Erzbischöfe von Köln mit den Grafen von Jülich und den Herzögen von Brabant eine zentrale Bedeutung. Erzbischof Konrad von Hochstaden begann nach 1256 mit dem Bau einer Stadtbefestigung mit Mauern und Wassergräben, im Jahr 1279 erhielt Lechenich die Stadt- und Marktrechte. König Albrecht I. stritt im Jahr 1301 mit dem Kölner Erzbischof Wigbold von Holte um die Rheinzölle. Um der königlichen Forderung Nachdruck zu verschaffen, erhielt Graf Gerhard VII. von Jülich den Befehl, die Burg und die Stadtbefestigung zu zerstören.

Die neue Landesburg – Schloss Lechenich

Wigbolts Nachfolger, Erzbischof Heinrich II. von Virneburg, benötigte einen neuen Wehrbau gegen die Jülicher. Er schloss die Lücken in der Stadtbefestigung und baute eine neue Burg im Nordosten der Stadt. Der Wohnturm (Donjon) wurde zwischen 1306 und 1317 aus Feldbrandziegeln gemauert. Das war zu dieser Zeit eine neue Bautechnik, und die Landesburg gilt als der erste Großbau in Feldbrandziegeltechnik in nachrömischer Zeit. Für die stabilisierenden Eckquader und Fensterlaibungen verwendete man Trachyt vom Drachenfels.

Die folgenden Erzbischöfe Walram von Jülich und Wilhelm von Gennep bauten um den Donjon ein repräsentatives Residenz- und Verwaltungsschloss mit vier Flügeln im Stil der späten Hochgotik. Der etwa 12 x 33 m große zweigeschossige Palas beherbergte zwei übereinanderliegende Festsäle. Der mächtige

Wohnturm wurde um drei Flankentürme ergänzt, die Burg bot nun nach außen das gewünschte wehrhafte Bild. Trotz der guten Stadtbefestigung legten sie zwei Wassergräben an. Der innere schützte die Hauptburg, der äußere die gesamte Burganlage. Die Vorburg war Sitz eines Amtmannes, eines Kellners sowie des Nieder- und Hochgerichts. In den Jahren 1626 bis 1630 fanden hier zahlreiche Hexenprozesse statt. Zeitweilig residierten auch die Erzbischöfe im Hochschloss, besonders gerne, wenn sie in der Ville jagten.

Während der sechswöchigen Belagerung und Zerstörung der Stadt Lechenich 1642 war das Schloss Rückzugsort der Bevölkerung und blieb von Schäden verschont. Erst die Truppen Ludwigs XIV. steckten 1689 bei ihrem Abzug das Hochschloss in Brand.

Die bislang verschonte Vorburg wurde nach einem Brand im Jahr 1722 in schlichten barocken Formen wiederaufgebaut, das Hochschloss verfiel zu einer imposanten, bis heute sehenswerten Ruine. Reste gotischer Wandmalereien – Wappen, Bischofs- und Heiligenfiguren – sind noch an einigen Stellen erkennbar.

Das Schloss nach der Säkularisierung

In der Französischen Zeit wurde das Kircheneigentum enteignet, so auch das Lechenicher Schloss mit seinen umfangreichen Ländereien. Im Jahr 1805 ersteigerte Andreas Borlatti, der Sohn des letzten kurkölnischen Oberkellners, das gesamte Anwesen. Das Schloss wechselte mehrfach die Eigentümer, ohne wiederaufgebaut zu werden.

Baron Georg von Bleichröder kaufte die Burg Lechenich 1894. Er modernisierte den westlichen Flügel der Vorburg, der seit dem 18. Jahrhundert als Herrenhaus diente. Gleichzeitig vergrößerte er den vorhandenen Englischen Garten nach Westen und Norden.

Von der Stadt aus sind nur diese beiden Türme sichtbar.

Wie im Märchen – das Torhaus.

Hans Reinhard Schmidt-Elmendorff übernahm 1932 die Landesburg. Seine Enkelin Corinna Freiin von Elmendorff heiratete 1999 Heinrich Ico Prinz Reuß. Gemeinsam leben der Prinz und die Prinzessin Reuß seit 2003 im ehemaligen Amtshaus in der Vorburg.

Informationen

Der Schlosspark wurde als englischer Landschaftsgarten angelegt und ist für die Öffentlichkeit zugänglich. Die Landesburg selbst kann nicht besichtigt werden.

Lechenicher Kunstmeile zwischen Bonner Tor und Herriger Tor.

Kontakt

Landesburg Lechenich
Schlossstraße 18
50374 Erftstadt-Lechenich

Schloss Loersfeld – Schlemmen bei Spitzenköchen

Im Jahr 1262 verkauften der Ritter Eberhard von Belle und seine Gemahlin Hildegunde dreißig Morgen Ackerland an das Kloster Bottenbroich. Im entsprechenden Kaufvertrag wurde erwähnt, dass ihnen ein Hof in lodervelt sita gehörte. Dabei handelte es sich mit großer Wahrscheinlichkeit um einen Vorgängerbau des heutigen Schlosses Loersfeld. Im 14. Jahrhundert war Loersfeld im Besitz der Familie Merode und ging durch Heirat an die Familie von Horn.

Das Schloss der Familie Spies von Büllesheim

Heinrich Spies von Büllesheim zu Bodendorf erwarb den Hof 1435, seine Familie baute das heutige Schloss um das Jahr 1495. Das zweigeschossige Herrenhaus ist fast quadratisch und es gehörte eine dreiflügelige Vorburg auf der nördlichen Seite des Schlosses dazu. Über das ursprünglich die gesamte Anlage schützende doppelte Grabensystem gelangte man durch den Torturm in die Vorburg.

Der Kölner Kaufmann Caspar Wilhelm von Hamm kaufte das Schloss um 1770 für seine Familie. Die Ankersplinte der neuen Vorburg auf der östlichen Seite des Schlosses zeigen die Jahreszahl 1771, daraus wird gefolgert, dass die alte Vorburg in diesem Jahr durch einen Neubau ersetzt wurde. Nach dem Tod des Kaufmanns fiel das Schloss 1795 an seine Tochter Anna Catharina und ihren Gatten Georg Albert Reinecker.

Die Freiherren von Fürstenberg

Seit 1819 gehört das Schloss den Freiherren von Fürstenberg. Franz Friedrich Leopold Melchior Maria Freiherr von und zu Fürstenberg und seine Gemahlin Clara Ferdinandine Josepha Philippine Freiin von Weichs zur Wenne zogen zwar selbst nicht in das Schloss, aber sie nahmen im 19. Jahrhundert einige Umbauten vor. Das Paar hatte sieben Söhne und sieben Töchter. Der sechste Sohn Franz Adolf Josef (*1805) fand Gefallen an Schloss Loersfeld. Nach dem Tod seines Vaters im Jahr 1835 nahm er sich des Schlosses an und begann 1840 mit einem Um- und Anbau. Er ließ u. a. die Stuckdecken, Parkettböden und Türen einbauen.

Er erbte das Schloss im Jahr 1846 von seiner Mutter und erweiterte den Park 1853 auf zehn Hektar. Eine Karte aus dem Jahr 1853 zeigt sechs Gartenbereiche mit Wiesen, Obstgärten und einem englischen Landschaftspark mit anmutiger Wegführung, Aussichtspunkten, Wassergräben und Brücken. Franz Adolf Josef Freiherr von und zu Fürstenberg bewohnte das Schloss bis zu seinem Tod im Jahr 1880. Nach der unstandesgemäßen Hochzeit von Clemens von Fürstenberg Mitte des 20. Jahrhundert erlosch der Zweig Fürstenberg-Loersfeld und der gesamte Loersfelder Besitz zusammen mit Haus Hahn und 560 ha Land fiel an seinen Neffen Maximilian von Fürstenberg-Hugenpoet. Aktueller Besitzer ist sein Enkel Maximilian von Fürstenberg-Hugenpoet.

Beschädigungen und Wiederaufbau

Das Schloss blieb in allen Kriegen des späten Mittelalters und der Frühen Neuzeit verschont. Erst im Zweiten Weltkrieg wurde es teilweise schwer beschädigt. Kaum einigermaßen wiederhergestellt, erlitt Schloss Loersfeld das Schicksal vieler Wasserburgen und Schlösser im Rheinland: Der Braunkohletagebau zog starke Grundwasserabsenkungen nach sich. Durch die daraus bedingte Absenkung des gesamten Geländes um 1,5 m wurde die Gebäudesubstanz durch die entstandenen Setzrisse stark beschädigt. Zunächst konnten die Eigentümer nur sichern und abwarten. Erst als die Setzungen zum Stillstand gekommen waren, unterstützten sie die Pächterfamilie Bellefontaine bei den umfangreichen Sanierungen der Jahre 1990 bis 1992.

Graf Berghe von Trips

Wolfgang Alexander Albert Eduard Maximilian Reichsgraf Berghe von Trips war der letzte Spross eines alten Adelsgeschlechts. Er lebte in der nahegelegenen Burg Hemmersbach, als er in den 1950er-Jahren mit dem Rennsport begann. Im Mai 1961 gewann er im Ferrari 156 als erster deutscher Fahrer ein Formel-1-Rennen. Im September 1961 verunglückte er beim Großen Preis von Italien in Monza tödlich. Aus seinem Nachlass entstand eine Stiftung, die seit einigen Jahren ihren Sitz im Schloss Loersfeld hat. Im Schloss wurde ein Zimmer mit Möbeln, Gemälden, Fotos und anderen Erinnerungen an diese Rennsportlegende ausgestattet.

Graf Berghe von Trips, der sich als Rennfahrer einen Namen machte. Er verunglückte im Alter von 33 Jahren tödlich.

Informationen

Thomas Bellefontaine betreibt im Herrenhaus seit 1992 ein Gourmetrestaurant. Es gehört zu den besten Restaurants in Deutschland und trug 1999–2019 sogar einen Stern des Guide Michelin.

Restaurantgäste und Besucher des Schlosses dürfen das Wolfgang Graf Berghe von Trips Zimmer sowie die Bibliothek (Beginn ab 1750) seiner Vorfahren nach Absprache kostenlos besuchen.

Den englischen Landschaftspark kann man auf Anfrage betreten und in den angrenzenden Naturschutzgebieten Parrig, Kerpener Bruch und Loersfelder Busch lässt es sich fantastisch spazieren und wandern.

Auf dem Anwesen werden unter anderem die Mitsommernacht der Stadt Kerpen, Konzerte des Hürther Musik Seminars, die Wolfgang Graf Berghe von Trips Gedächtnisfahrt, der Loersfelder Weihnachtsmarkt sowie weitere Veranstaltungen organisiert. Teilbereiche des Anwesens können für Veranstaltungen gemietet werden.

Kontakt

Schloss Loersfeld 0
50171 Kerpen
Telefon 02273/57755
www.schlossloersfeld.de

Burg Lüftelberg – Bedrohte Burg am Swistbach

Eine erste Burg wurde in Lüftelberg vielleicht schon im 12. Jahrhundert gebaut, denn bei der erstmaligen urkundlichen Erwähnung im Jahr 1260 war sie bereits der Mittelpunkt der Herrlichkeit Berge.

Die fromme Lüfthildis

Burg und Herrlichkeit wurden später zu Ehren der Heiligen Lüfthildis umbenannt, die im Rheinland als Volksheilige verehrt wird. Bereits Caesarius von Heisterbach schrieb im 12. Jahrhundert über ihr Wirken. Die Sage erzählt von der frommen Lüfthildis, einer Tochter des Burgherrn von Berge, die Karl dem Großen nach einem Jagdunfall mit ihrer Spindel das Leben rettete. Sollte diese Sage einen wahren Kern haben, dürfte die erste Burg bereits im 8. oder 9. Jahrhundert erbaut worden sein.

Dietrich von Volmerstein verkaufte seinen Besitz 1358 an die Brüder Johann und Conzen von Vischenich, die die Burg 1376 ihrer Schwester Lysa als Aussteuer gaben. Lüftelberg wurde 1448 als kurkölnisches Lehen an Johann von Gymnich und seine Frau Cäcilia von Harff überschrieben.

Im Jahr 1489 erbte Johann Schall von Bell die Burg. Aus dieser Zeit stammt die heutige Gestaltung der zweiteiligen Anlage, die komplett von breiten Wassergräben umgeben ist. Auf der nördlichen Insel befindet sich die Vorburg. Sie ist über eine Brücke mit der Hauptburg verbunden, die zweiflügelig mit Haupt- und Seitentrakt auf der quadratischen südlichen Insel angelegt wurde. Die beiden Wohntürme aus den Anfängen der Burg wurden durch den Mittelbau verbunden und um den Seitenflügel ergänzt.

Der Burggraben droht auszutrocken.

Eine freundliches Landschlösschen

Vermutlich wurde Johann Adam Schall von Bell 1591 in der Burg Lüftelberg geboren. Er sollte sich später als Berater und Mandarin am Hof des Kaisers von China einen Namen machen. Der Jesuit lebte über 40 Jahre in China, leitete das Astronomische Amt der Ming-Dynastie und übernahm die Reform des chinesischen Kalenders. Sein älterer Bruder Heinrich Degenhardt hingegen versetzte die Region mit seinen Anklagen bei zahlreichen Hexenprozessen in Angst und Schrecken. Dessen Tochter Maria Elisabeth Schall von Bell brachte die Burg in die Ehe mit Philipp Freiherr von der Vorst-Lombeck.

Um das Jahr 1775 beauftragte Josef Clemens von der Vorst-Lombeck den Hofarchitekten des Kölner Kurfürsten Clemens August, Johann Heinrich Roth, mit dem Umbau zu einer Barockburg. Er verwendete das vorhandene Mauerwerk und integrierte drei der vier älteren Rundtürme. Der Gartensaal wurde mit Lafontaine-Fabeln in Grisaille-Malereien geschmückt und ist das Herzstück des Hauses.

Carl Theodor Jordans von der benachbarten Burg Morenhoven heiratete 1826 die Witwe Eleonore von der Vorst-Lombeck. Karl Theodors Enkelgeneration ging in zweierlei Hinsicht in die Geschichtsbücher ein: Der ältere Carl von Jordans stellte sich mit seinem Jordanskreis bereits im Jahr 1933 gegen den Nationalsozialismus und unterstützte Franz von Papen bei seinem Widerstand. Sein jüngerer Bruder Adolf von Jordans war Ornithologe und enger Mitarbeiter von Alexander Koenig. Er übernahm nach Koenigs Tod die Leitung des Museums Koenig in Bonn.

Die große Dürre

Über viele Jahrhunderte speisten die Swist und der Eisbach die Wehranlage der Wasserburg. Die Bezirksregierung Köln entzog dem Burgherrn Ferdinand von Jordans im Jahr 1979 dieses Wasserrecht entschädigungslos und baute das Wehr zurück. 1990 erbte der heutige Burgherr, Carl-Hubertus von Jordans, das Anwesen von seinem Onkel. Große Sorgen bereiten den Burgherrn die Dürresommer der letzten Jahre, in denen der Burggraben auszutrocknen drohte. Ohne die beiden natürlichen Zuläufe aus der Swist und aus dem Eisbach, für den 2008 das Wasserrecht endete, ist der Fischbestand gefährdet. Im Mauerwerk zeigen sich gravierende Risse, die schlimmstenfalls Restaurierungsarbeiten in zweistelliger Millionenhöhe nach sich ziehen könnten. In heißen Sommern fällt auch der eigene Brunnen trocken, dann muss der Burggraben mit Trinkwasser aufgefüllt werden, was die finanziellen Möglichkeiten des Burgherrn sprengt. Bei den zuständigen Behörden findet sich leider bis dato kein Kompromiss zwischen Gewässerschutz und Denkmalschutz.

Johann Adam Schall von Bell gestaltete die Burg.

Informationen

Zweimal im Jahr führt der Burgherr durch die Burg, die genauen Daten werden stets über die Rhein-Voreifel-Touristik GmbH beworben.

Kontakt

Burg Lüftelberg
Schlossstraße 7
53340 Meckenheim
www.burg-lueftelberg.de

Burg Metternich – Die Wasserburg

Metternich ist ein in der Region sehr bekannter Adelsname. Er wurde aus dem Ortsnamen Metternich abgeleitet und bezeichnet zwei nicht miteinander verwandte Adelsgeschlechter. Hier soll die Rede von der Adelsfamilie Metternich sein, die in der heutigen Gemeinde Weilerswist eine Wasserburg baute und das Löwenwappen führt. Sie darf nicht verwechselt werden mit den weitaus bekannteren Herren von Metternich, die im benachbarten Haus Velbrück ihren Stammsitz hatten und das Muschelwappen führt.

Die Freiherren von und zu Metternich

Im 13. Jahrhundert gründeten die Edelherren von Alfter eine Nebenlinie. Sie behielten das Löwenwappen von Alfter, nannten sich aber fortan von Metternich. Vermutlich bauten sie kurz darauf ein Burghaus an die Swist, denn das zweischalige Mauerwerk aus Feldsteinen und Kieseln im Keller wird ebenfalls in das 13. Jahrhundert datiert.

Erstmals urkundlich erwähnt wurde die Vogtei zu Metternich im Jahr 1303. In dieser Siedlung wurde bereits 1325 ein wasserumwehrter Hof erwähnt. Um sich von der aus Alfter gekommenen Adelsfamilie zu unterscheiden, nannten die Erbauer ihr Gebäude Haus Velbrück.

Die wahrscheinlich ältere Burg Metternich war Kölner Lehen. Sie wurde 1348 bei einer Erbteilung zwischen vier Brüdern erstmals urkundlich erwähnt. In jenem Jahrhundert wurde sie auch zu dem großen Backstein-Wohnturm ausgebaut, der bis heute erhalten werden konnte.

Im 15. Jahrhundert schützten die Burgherren den mittleren Eingang durch einen Turm. Gleichzeitig wurde das gesamte Bauwerk mit runden Eckbefestigungen und einem Zwinger gesichert. Im Jahr 1629 baute die Familie Metternich einen Saalflügel an die Hauptburg. Es war, wie es scheint, eine beständige und friedfertige Familie. Die Burg blieb von Krieg und Belagerung weitgehend verschont. Erst 1692 verkaufte der Freiherr von und zu Metternich die Burg an Franz Wilhelm von Schönheim.

Berühmte Namen

Der letzte männliche Erbe war Johann Arnold von Schönheim, ein Kölner Domherr. Ihn beerbten seine Cousins Josef Clemens und Clemens August von Merle im Jahr 1789. Clemens August war ein kunstsinniger Mann, der eine umfangreiche Gemäldesammlung mit in die Burg brachte. Die Brüder Merle ließen ab 1802 einen Landschaftspark anlegen und beauftragten den Hofgärtner Joseph Clemens

Weyhe mit den Arbeiten. In dieser Zeit nahm Weyhe 1805 seinen Neffen Peter Joseph Lenné in die Lehre, der sich später einen Namen als Gartenkünstler machen sollte. Ein Teil des Landschaftsgartens ist erhalten, an der Nordseite geht er in den Villewald über. Die Gebrüder Merle werden zum Teil als so bedeutsam für die Geschichte der Burg angesehen, dass sie auch Burg Merle genannt wird.

Den Brüdern folgte die Adelsfamilie von und zum Pütz, die das Anwesen im Jahr 1811 an den Juristen Heinrich Gottfried Wilhelm Daniels verkaufte. Der Richter und Hochschullehrer übersetzte Napoleons Code civil ins Deutsche und ging als erster Präsident des Kölner Appellhofs in die Geschichte ein.

Nach seinem Tod verkaufte seine Tochter die Burg an Major a. D. Karl Friedrich von Müller. Dessen Gemahlin Helene war eine geborene Krupp aus Essen. Als ihre Großmutter Amalie Krupp 1810 starb, erbten Helene und ihr Bruder Friedrich die Kolonialwarenhandlung. Das Erbe nutzte er als Startkapital für seine neu gegründete Werkstatt für englischen Gussstahl. In der Burg Metternich schloss er 1811 mit den Brüdern von Kechel den Gesellschaftsvertrag für die Firma Friedrich Krupp.

Umbau zum Gutshof

Franz Freiherr von Schorlemer kaufte 1879 die ursprünglich dreiflügelige Vorburg und baute sie zu einem vierflügeligen Gutshof um. Von dem alten Bau blieb nur das große Sandsteintor erhalten. Schon 1895 verkaufte er die Burg Metternich wieder. Neuer Eigentümer wurde der königliche Kammerherr Edmund Freiherr Spies von Büllesheim, dessen Familie bis heute die Burg bewohnt. Im Jahr 1960 heirateten Franz-Leo Freiherr Spies von Büllesheim und Marie-Gabrielle Freiin von Steinling zu Boden und Stainling. Sie zogen gemeinsam in die Burg Metternich. Als Malerin hat sich die Burgherrin unter dem Künstlernamen Marél von Steinling einen Namen gemacht.

Informationen

Die Burg kann von außen besichtigt werden. Hin und wieder finden Konzerte und andere Veranstaltungen in der Burg statt, die in der Regel von der Dorfvereinsgesellschaft durchgeführt werden.

Kontakt

Burg Metternich
Wasserburgstraße 44
53919 Weilerswist-Metternich

Schloss Morsbroich – Deutschordensburg und Kunstmuseum

Der Ursprung Morsbroichs wird im Spätmittelalter vermutet, denn 1328 wurde ein Johannes genannt Moir von dem Broiche urkundlich erwähnt. Aber bereits 1389 verliert sich die Spur der Familie. In schneller Folge wechselten die Eigentümer, keiner von ihnen machte sich die Mühe, die Burg vor dem Verfall zu bewahren.

Der Deutsche Orden wird Eigentümer

Im Jahr 1619, kurz nach dem Beginn des Dreißigjährigen Krieges, kaufte Adolf von den Bongardt die Burg. Als Komtur unterstanden ihm die Güter der Ballei (Ordensprovinz) Koblenz. So kam Morsbroich in den Besitz des Deutschen Ordens und war Sitz einiger Landkomture. Einer von ihnen war Heinrich Freiherr von Reuschenberg zu Setterich, der in seiner Wirkungszeit (1662 bis 1671) die Gezelinkapelle neben der Burg wieder aufbaute und den Rittersitz Schlebusch kaufte. Sein Nachfolger Jobst Moritz Droste zu Senden trieb ab 1716 die Verehrung des Seligen Gezelinus von Schlebusch weiter voran und machte die Kapelle zum Ziel festlicher Wallfahrten.

Der Deutsche Orden entschloss sich 1757 zu einem Abriss der ruinösen Burg und baute 1775 an ihrer Stelle ein Lustschloss nach dem Vorbild des Schlosses Falkenlust in Brühl. Rund um das Rokokoschloss wurde ein englischer Garten angelegt.

Der Schlossherr unter Napoleon I. – ein Mörder?

Unter Napoleon Bonaparte wurde das Schloss 1803 der geistlichen Institution entzogen und säkularisiert. Es gehörte nun zum neu geschaffenen Großherzogtum Berg und Napoleon sprach es seinem Schwager Joachim Murat zu, der ihm zuvor treu als Marschall zur Seite gestanden hatte.

Für jüngere Besucher das Highlight: Water Island am Schloss Morsbroich.

Die Brücke zum Englischen Garten.

Murat selbst hatte wohl wenig Interesse an seinem Eigentum, jedenfalls überließ er die Verwaltung und Regierung seines Großherzogtums weitgehend seinem Finanzminister Jean Antoine Michel de Agar. Nachdem de Agar im Jahr 1807 die Nichte des Großherzogs geheiratet hatte, schenkte ihm dieser das Schloss Morsbroich und verlieh ihm den an den Schlossnamen angelehnten Titel eines Compte de Mosbourg. De Agar hielt sich kaum in seinem Schloss auf, weil er in der bergischen Hauptstadt Düsseldorf Präsenz zeigen musste. Nachdem Murat von Napoleon zum Herrscher über das Königreich Neapel eingesetzt worden war, zog er 1808 nach Italien.

Nach dem Wiener Kongress und der darauf folgenden Übernahme des Rheinlandes durch Preußen gelang es de Agar, sein Eigentum an Schloss Morsbroich zu behaupten. Im Jahr 1817 verkaufte er es mit den umliegenden Ländereien an den Kölner Bankier Abraham Schaffhausen. Der hochgeehrte Agar starb 1844 in Paris. Das schien alles lange vergessen. Doch 1995 meinte ein angesehener Kölner Hochschullehrer, er habe im Leverkusener Stadtarchiv Beweise für ein Verbrechen gefunden. De Agar habe 1818 seine Frau Alexandrine und die drei gemeinsamen Kinder ermorden lassen, um den Verkaufserlös von 700 000 Francs nicht teilen zu müssen. Ein anderer Kunsthistoriker wies jedoch 2013 nach, dass Alexandrine und die Kinder Achille Letizia und Joachim bereits 1811 in Neapel gestorben waren, die Tochter Caroline 1813 starb und der Witwer an ihrem Tod keinerlei Schuld trug.

Museum Morsbroich und der Beuys-Skandal

Kommerzienrat Friedrich Diergardt erwarb Schloss Morsbroich 1857. Die Stadt Leverkusen mietete das im Krieg stark beschädigte Bauwerk ab 1948 von seinen Nachfahren. Vom ursprünglichen Plan, darin ein Kinderheim oder Altenheim einzurichten, rückte man wieder ab. Stattdessen öffnete es als erstes Museum für zeitgenössische Kunst im Deutschland der Nachkriegszeit seine Tore. Im Jahr 1974 kaufte die Stadt Leverkusen das Schloss.

Kunst im Park.

1973 ging der Name Morsbroich durch die Presse: Joseph Beuys hatte 1960 ein Kunstobjekt geschaffen, indem er eine Kinderbadewanne mit Pflasterstreifen, Mullbinden, Kupferdraht und Fett bearbeitet hatte. Es war 1973 als Teil einer Wanderausstellung noch nicht in die Ausstellung gestellt worden, als es bei einem SPD-Fest im Museumslager entdeckt wurde. Die eifrigen Helferinnen reinigten die vermeintlich verschmutzte Wanne zunächst gründlich, um anschließend Gläser darin zu spülen. Das Kunstwerk wurde nach langen Gerichtsprozessen von Beuys selbst wieder hergestellt.

Informationen

Der Außenbereich ist frei zugänglich, das Schlossinnere kann im Rahmen eines Museumsbesuchs besichtigt werden. Der Skulpturenpark am Museum Morsbroich ist ein Erlebnis. Das Wasserspiel „Water Island, Morsbroich" von Jeppe Hein ist ein betretbarer Springbrunnen, bei dem etwas Geduld erforderlich ist, um trocken das Innere zu erreichen.

Kontakt

Museum Morsbroich
Gustav-Heinemann-Straße 80
51377 Leverkusen
www.museum-morsbroich.de

Schloss Paffendorf – Vom Braunkohletagebau verschont

Schon die Kelten siedelten in der fruchtbaren Landschaft der Erft. In einem keltischen Gräberfeld entdeckte man mehr als 300 Brandgräber aus der Zeit zwischen dem achten vorchristlichen und dem ersten nachchristlichen Jahrhundert. Wer hier wann eine erste Burg baute, ist leider unbekannt.

Im Jahr 882 zählte Paphentorof zu den Besitzungen der Trierer Reichsabtei Sankt Maximin. Erzbisqchof Engelbert von Berg korrespondierte 1224 mit dem Stift Essen über das Dorf Paffendorpe. Eine Vogtei Paffendorf wurde im Jahr 1230 urkundlich erwähnt. Sie blieb im Eigentum des Essener Stifts und wurde zugleich Bestandteil des Herzogtums Jülich.

Die Freiherren von dem Bongart

Winand V. Maschereil von Rode war Herr auf Burg Wijnandsrade, die in der heutigen niederländischen Provinz Limburg liegt. Seine Gemahlin Margarethe von Schoenrode hatte die Besitzungen Heyden und Paffendorf in die Ehe gebracht. Die gemeinsame Tochter Maria Maschereil von Rode ehelichte 1516 den Jülicher Ritter Wilhelm von dem Bongart. Er war nach einer Pilgerfahrt nach Jerusalem im Vorjahr zum Ritter des Heiligen Grabes geschlagen worden. Maria erhielt die Burg Paffendorf als Mitgift. Es muss sich um eine wehrhafte Burg mit offenen Schalentürmen gehandelt haben.

Nach dem Tod seines einzigen Sohnes übertrug Winand V. Maschereil von Rode 1531 seinem Schwiegersohn auch die Burg Wijnandsrade. Wilhelm von dem Bongart begann noch im selben Jahr mit einem Umbau der Burg Paffendorf. In fünfzehnjähriger Bauzeit entstand ein prächtiges Renaissanceschloss, das ausschließlich aus Backstein gebaut wurde. Die bisherigen Wehrmauern der Burg wurden zu Außenwänden der miteinander verbundenen Burghäuser. Es ist seitdem von einem Wassergraben umgeben, der früher aus der nahen Erft gespeist wurde. Im Norden schließt sich eine Vorburg an, die durch zwei Torbauten mit der Hauptburg verbunden ist. Durch ein Tor gelangt man zum mehr als sieben Hektar großen Schlosspark, auf den die Schauseite des Schlosses ausgerichtet ist.

Die zahlreichen Zinnen, Balustraden und Türmchen wurden 1861 bis 1865 vom Kölner Architekten August Carl Lange geplant. Der Schlossherr Ludwig Reichsfreiherr von dem Bongart wünschte sich nach seiner Hochzeit mit Melanie Reichsgräfin von Waldersdorf zu Molsberg einen Umbau im neugotischen Stil. Unter der Leitung des Landschaftsplaners Maximilian von Weyhe entstand der an einen englischen Landschaftsgarten erinnernde Schlosspark.

Im Februar 1916 brach im Schloss ein Feuer aus, das erst nach zwei Tagen gelöscht werden konnte. Der gesamte Südflügel und große Teile des Osttraktes und des Westflügels wurden zerstört. Was von den Flammen verschont blieb, wurde durch Ruß und Löschwasser unbrauchbar. Baron Pius von dem Bongart, der in jenem zweiten Kriegsjahr an der Westfront stationiert war, bekam sogar Fronturlaub, um die Arbeiten für den Wiederaufbau zu organisieren.

Die Braunkohlebagger nähern sich

Paffendorf liegt im Rheinischen Braunkohlerevier. Mitte des 20. Jahrhunderts wurde im Tagebau Fortuna-Garsdorf nordöstlich von Paffendorf Kohle abgebaut. Als der Tagebau die Grenze des Schlossparks erreicht hatte, verkaufte Marietta Freifrau von dem Bongart 1858 den ganzen Besitz an die Rheinische Aktiengesellschaft für Braunkohlenbergbau und Brikettfabrikation, eine Vorgängergesellschaft der RWE Power.

Der glückliche Zufall wollte es, dass sich im Folgejahr die vier Einzelgesellschaften des Rheinischen Braunkohlereviers zur Rheinbraun AG zusammenschlossen und Schloss Paffendorf als Zentralarchiv nutzen wollten. Die Hauptburg wurde in mehreren Einzelschritten zu Repräsentationsräumen umgebaut. Die letzte größere Sanierung wurde 1999 beendet.

Heute wird das Schloss als Tagungszentrum, aber auch für Hochzeiten und andere Veranstaltungen genutzt. Im Herrenhaus befindet sich eine Dauerausstellung zur Geschichte der rheinischen Braunkohlenindustrie. Im runden Turmzimmer sind archäologische Funde ausgestellt, die vor riesigen Schaufelradbaggern gerettet wurden.

Informationen

Der Schlosspark ist am Wochenende geöffnet, das Gebäude kann von außen angesehen werden. Die Innenräume sind im Rahmen eines Besuchs der Brasserie, der Ausstellungen oder einer Veranstaltung zugänglich. Im Innenhof werden Konzerte veranstaltet.
Im barrierefreien Gebäudekomplex befinden sich eine Dauerausstellung zur Rheinischen Braunkohle und wechselnde Kunstausstellungen.
Brasserie Schloss Paffendorf, Telefon 02271/751200100,
https://schlosspaffendorf.de.

Kontakt

Schloss Paffendorf
Burggasse 1
50126 Bergheim
www.rwe.com/nachbarschaft/rwe-erleben/schloss-paffendorf

Burg Rheindorf – Konvent und Hochschule der Dominikaner

Die Burg Rheindorf war der Sitz des Ritters Christian von Rinchedorp, er wurde in einem Lehnsbrief von 1140 als ein Dienstmann des Grafen Adolf von Saffenberg genannt. Auch der Unterbau des runden Bergfrieds wird in diese Zeit datiert.

Rittersitz und Jesuitenkloster

Bereits in Urkunden aus dem Jahr 1247 wurde die Rheindorfer Burg in ihrem heutigen Umriss erwähnt. In der historischen Betrachtung sehen die Dominikaner in dieser Epoche den Bau der Burg als ebenso wichtig an wie das von Albertus Magnus in Köln gegründete „Generalstudium der Dominikaner".

Aus dem Jahr 1441 ist verbrieft, dass der Ritter Lutter Quadt zu Tomburg das Eigentum an der Rheindorfer Burg erlangte. Ein solcher freiadliger Rittersitz war in der damaligen Zeit der Lehnsburgen und Offenhäuser eine Seltenheit. Die Herren von Quadt übergaben ihren Rittersitz 1701 an die Kölner Jesuiten. Mit dem Einmarsch der Napoleonischen Truppen 1794 wurde das kirchliche Eigentum enteignet, die Burg ging an den Gymnasial- und Stiftungsfond zu Köln.

Die Dominikaner retten die Burg

Nach dem Ersten Weltkrieg wuchs der Dominikanerorden rasch und plante, eine eigene Hochschule für Theologie und Philosophie zu gründen. Bei der Suche nach geeigneten Räumlichkeiten fiel die Wahl auf die Burgruine in Walberberg, weil sie in der Nähe Kölns lag. Dort hatte der Dominikaner Albertus Magnus 1248 das Studium generale übernommen, das mittelalterliche Orientierungsstudium für Studienanfänger. Diese Hochschule lockte in den folgenden Jahrzehnten so viele Studenten aus ganz Europa an, dass 1388 die Universtät zu Köln gegründet wurde. In der fast zeitgleich mit dem Generalstudium entstandenen Rheindorfer Burg sollte nun mit der Gründung einer neuen Dominikaner-Hochschule an das Erbe des Albertus Magnus angeknüpft werden.

Die Deutsche Ordensprovinz Teutonia des Dominikanerordens kaufte 1924 die ruinöse Burg. Unterstützung kam von Dominikanern aus der Schweiz und Holland, die damalige Guldenanleihe erinnert an die heutigen Investmentfonds. Anfang 1925 begannen die Bauarbeiten, dabei stellten sich die Schäden als gravie-

Einladend – die Hofansicht des Schlosshotels.

render heraus als ursprünglich erwartet. So wurde die Burg vollständig entkernt und in ihrem Inneren auf die Anforderungen der neuen Eigentümer zugeschnitten. Bereits während der laufenden Bauarbeiten wurde 1926 das Dominikanerkloster gegründet und die ersten Philosophiestudenten kamen von Venlo nach Walberberg.

Ein Großbrand in einem Nebengebäude im Jahr 1932 erforderte weitere Kraftanstrengungen, bei denen nicht nur die Bauleute, sondern auch alle Dominikaner Hand anlegten. Noch im selben Jahr wurde das bisherige Wirtschaftsgebäude zu einem viergeschossigen Wohntrakt ausgebaut. Wo vor dem Brand die Scheune stand, wurde die Klosterkirche erbaut. Eine geschlossene Vierflügelanlage umschließt nun einen nahezu quadratischen Innenhof. Nach dem Umbau zogen die Theologiekurse aus Köln nach Walberberg. Das erste deutsche Institut für kirchliche Sprecherziehung wurde 1938 gegründet. Ab 1939 war der Gebäudekomplex ein Krankenhaus des Deutschen Roten Kreuz. Die Wehrmacht übernahm es 1940 als Reservelazarett. Viele Brüder und Studenten wurden zum Kriegsdienst eingezogen, die Übrigen arbeiteten nun im Lazarett, auch nachdem der Orden enteignet worden war. Die Amerikaner nutzten das Kloster 1945 als Unterkunft und Krankenverteilungsstelle, danach ging es an die Dominikaner zurück. Walberberg entwickelte sich noch während der Wiederaufbauarbeiten zu einem beliebten Tagungsort für den politischen Neuanfang. Neben Konrad Adenauer, dem ersten Bundeskanzler der Bundesrepublik Deutschland, nutzten über die Jahre zahlreiche Politiker den außergewöhnlichen Ort Domäne Walberberg als Tagungs- und Rückzugsort.

Nachwuchsprobleme machten 1975 die Schließung der Hochschule nötig, 2007 gaben die Dominikaner das Kloster auf. Die Kapelle wurde profaniert und seitdem als Außenstelle des Bornheimer Standesamtes und als Kulturkirche genutzt. Die Rheindorfer Burg und die klösterlichen Nebengebäude sind heute Schlosshotel für Tagungen und Veranstaltungen und dienen als attraktive Foto- und Filmkulisse.

Information

Die Burg ist jederzeit von außen anzusehen. Die Innenräume und der Schlossgarten sind zwar eigentlich den Hotelbesuchern vorbehalten, aber wer zur rechten Zeit nett fragt, für den hat das Team meistens Zeit auf eine Tasse Kaffee, eine kurze Rundtour oder zumindest den Einlass in den Schlossgarten.

Kontakt

Rheindorfer Burg
Rheindorfer-Burg-Weg 39
53332 Bornheim
Telefon 02227/85200
www.domaene-walberberg.de

Tomburg – Rückzugsort auf dem Vulkan

Auf dem 309,7 m hohen Vulkankegel namens Tomberg weisen Siedlungsspuren bis ins 4. Jahrhundert zurück. Die Tomburg wurde um das Jahr 900 aus dem Basaltgestein des Burgbergs erbaut.

Stammburg der Ezzonen

Um das Jahr 1000 wurde die Tomburg von Pfalzgraf Ezzo und seiner Gemahlin Mathilde bewohnt. Mathilde war die dritte Tochter von Kaiser Otto II. und Kaiserin Theophanu. Einen ebenbürtigen Gemahl konnte sich Theophanu für ihre Tochter nicht vorstellen und ließ sie in der Reichsabtei Essener Frauenstift erziehen. Es galt als sicher, dass Mathilde dem Stift später als Fürstäbtissin vorstehen würde. Doch es kam anders und sie heiratete Pfalzgraf Ezzo. Bis heute wird über die Hintergründe dieser nicht standesgemäßen Mesalliance gerätselt. War es ein politischer Schachzug der Kaiserin oder eine Liebesheirat? Womöglich war Mathilde sogar die Siegertrophäe eines Schachspiels zwischen Mathildes Bruder Otto III. und Ezzo. Ungeachtet dessen umfasste Mathildes Mitgift eine Vielzahl von Vogteien und Grafschaften, um ihre standesgemäße Versorgung sicherzustellen. Der Ehe entsprangen zehn gemeinsame Kinder. Darunter war Richeza, die spätere Königin von Polen. Ezzo und Mathilde gründeten 1024 die Abtei Brauweiler, in der sie später bestattet wurden. Ihr Sohn Otto erbte die Pfalzgrafschaft und starb 1047 auf der Tomburg.

Die Herren von Tomburg

Im Jahr 1052 wurden die Grafen von Kleve Besitzer der Tomburg. Ein Theiodericus de Toneburc wurde 1096 urkundlich erwähnt, im Jahr 1118 wird ein Theoderich Graf von Tomburg in einer anderen Kölner Urkunde genannt. Wann der runde Hauptturm entstand, ist unbekannt. Vielleicht veranlassten die Grafen von Kleve den Bau des runden Hauptturms bereits im 12. Jahrhundert. Ab 1230 vergaben sie die Tomburg als Unterlehen an die Herren von Molenark (später Müllenark), die als Bauherren infrage kommen, wenn von einem Bauzeitpunkt im 13. Jahrhundert ausgegangen wird. Auch die Familie von Molenark benannte sich nach ihrer Burg: Nachdem Graf Dietrich IV. von Kleve 1253 dem jungen Konrad Müllenark das Burggrafenrecht von Tomburg verliehen hatte, nannten sich die Müllenarks als Herren von Tomburg.

Im Jahr 1277 wurde die Tomburg zum Offenhaus der Grafen von Jülich, was die Herren von Tomburg nicht davon abhielt, als Raubritter die Handelstransporte auf der Heerstraße von Frankfurt nach Aachen zu überfallen. Die Tomburg war stets ein wichtiger Rückzugsort für sie. Nach einer unglücklichen Erbteilung wurde die Tomburg mit dem Burgfrieden von 1422 zur Ganerbenburg derer von Saffenberg, von Rheineck und von Virneburg.

Wie ein Fingerzeig zum Himmel.

Friedrich von Sombreff, der letzte Herr zu Tomburg und Landskron, war ein streitlustiger Hitzkopf. Er provozierte eine Fehde mit den Herzögen von Jülich, der 1473 mit einer Zerstörung der Burg endete. Sie wurde nie wieder aufgebaut. Die Ruine und der ganze Tomberg wären im 19. Jahrhundert fast dem Basaltbergbau zum Opfer gefallen. Die Stadt Rheinbach kaufte die Hang- und Abbauparzellen auf und erhielt 1868 die Burgruine als Geschenk von Julius von Bemberg zu Flamersheim.

Das Geheimnis des Burgbrunnens

Heute sind Teile des Bergfrieds und der 46 m tiefe Burgbrunnen erhalten, auf dessen Grund interessante archäologische Funde wie steinerne Kanonenkugeln und Keramikscherben gemacht wurden. Es geht die Sage, auf dem Grunde des Schlossbrunnens liege der Schlüssel zu einer Höhle, in der zwei eisenbeschlagene

Um diesen Brunnen ranken sich Sagen und Geheimnisse.

Truhen mit den Schätzen des letzten Ritters von Tomburg stehen sollen. Zwei Doggen mit feurigen Augen bewachen sie und zerfleischen Eindringlinge. Allein ihrem Herrn würden sie die Truhen freigeben, damit er die Tomburg wieder aufbauen kann.

Ebenfalls am Boden des Brunnens soll eine goldene Wiege liegen, die ein Graf für sein innig geliebtes Kind in Auftrag gab. Das Kind wurde krank und starb. Die untröstliche Mutter klammerte sich Tag und Nacht an die leere Wiege. Der Graf konnte den Schmerz seiner Gemahlin nicht mehr ertragen und warf die Wiege in den Burgbrunnen. Auf dem Schatz liegt der Sage nach ein Fluch. Wer ihn hebt, darf nicht darüber sprechen. Ob die Wiege wohl immer noch am Grund des Brunnens ruht?

Informationen
Die Ruine ist frei zugänglich. Der Rheinbacher Wald ist von vielen Wanderwegen durchzogen. Eine schöne Runde führt von Rheinbach zur Tomburg, danach zur Waldkapelle und auf dem Jakobsweg an den Pilgerteichen entlang zurück nach Rheinbach.

Kontakt
Tomburg
Tomberger Straße
53359 Rheinbach-Wormersdorf

Schloss Türnich – Ein klassischer Adelssitz

Westlich der Erft verlief in früheren Zeiten die Grenze zwischen den Grafen von Jülich und den Kurfürsten von Köln. Hier in den Erftauen entstand daher ein dichtes Band von Wasserburgen. Ein Ritter Winandus de Tornich wurde bereits 1208 in einer Urkunde erwähnt, daraus schließen die Historiker auf eine erste Burg im frühen 13. Jahrhundert.

Das barocke Lustschloss

Zwischen 1757 und 1766 ließen Carl-Ludwig von Rolshausen und seine Frau Maria Isabella von Waldbott zu Bassenheim das Herrenhaus als klassisches Maison de plaisance erbauen. Vermutlich stammen die Pläne vom französischen Baumeister Michael Leveilly, der zu dieser Zeit in kurkölnischen Diensten stand. Das spätbarocke Schloss entstand nicht genau auf den Resten der alten Burg, man war aber bestrebt, die alten Fundamente und Steine wieder zu verwenden. In den Jahren vor 1800 wurde ein englischer Landschaftsgarten angelegt und der Wassergraben zu einem Teich erweitert, auf dem die Schlossherren und ihre Gäste Boot fahren konnten.

Die Reichsgrafenfamilie von und zu Hoensbroech zieht ein

Karl Eugen Reichsgraf von und zu Hoensbroech kaufte das Schloss im Jahr 1850 für 170 000 Taler, gestaltete den Landschaftsgarten um und erweiterte ihn nach Entwürfen des kaiserlich-russischen Hofgärtners Friedrich Schulz. Reichsgraf und Marquis Franz-Eugen von und zu Hoensbroech, der Sohn Karl Eugens, ließ das Herrenhaus um 1890 umgestalten. Im verspielten Stil des zweiten rheinischen Rokoko entstand ein prachtvoller Raumschmuck mit kunstvoll geschnitzten Holztäfelungen, federleicht anmutenden Stuckarbeiten und farbenfrohen Wandteppichen.

Nach dem frühen Tod seiner Frau Hermine Gild von Wolff-Metternich aus Gymnich ließ er neben dem Herrenhaus eine Schlosskapelle erbauen. Unter Leitung des Kölner Regierungsbaumeisters Heinrich Krings entstand eine äußerlich unscheinbare und innen überaus prachtvolle Kapelle. Ganze 89 verschiedene Marmorsorten wurden in den Wänden, im Fußboden und im Altar verbaut. Geweiht ist sie der Heiligen Elisabeth von Thüringen, die mit ihrem Rosenwunder in der Fensterrosette der Westempore zu sehen ist. Im Bodenmosaik sind die Tierkreiszeichen zu entdecken, an anderen Stellen finden sich Hinweise auf Rosenkreuzer und Templer.

Franz-Eugen blieb kinderlos und wurde in der Familie stets Onkel Euch genannt. Er muss ein lebensfroher Mensch gewesen sein, denn es hält sich die Überlieferung, dass er ein Glas Bier aus fünf Metern Entfernung rückwärts aus einem Fenster kippen konnte.

Kriegs- und Bergschäden

Im Zweiten Weltkrieg wurde das Schloss stark beschädigt. Räder und Ketten der Militärfahrzeuge hinterließen erhebliche Schäden im Schlosspark. Artillerietreffer und Druckwellen ließen Fenster bersten und beschädigten die Dächer. Die eindringende Feuchtigkeit führte zu erheblichen Schäden an der Innenausstattung. Besonders die wertvollen Malereien in der Kapelle sind bis heute nicht gerettet, weil sich die Farben zum Teil von den Wänden gelöst haben.

Als andere Adelssitze der Region in den 1950er-Jahren den Braunkohlebaggern zum Opfer fielen, wurde Schloss Türnich verschont. Der nahe Braunkohletagebau hat dennoch fatale Folgen für das Schloss. Das Schloss wurde auf einer Tonlinse mit unterschiedlich dicken Tonschichten gebaut. Das das war jahrhundertelang kein Problem. Aber als der Grundwasserspiegel von 80 cm unter Flur auf 280 m gesenkt wurde, trockneten die Tonschichten aus. Die entstehenden Hohlräume sackten ein, das ganze Schloss kippte in die Mitte und wurde unbewohnbar.

Außen unscheinbar, innen prachtvoll: die Schlosskapelle.

Kunst im Schlosspark: Das Labyrinth von Schloss Türnich.

Godehard Graf von und zu Hoensbroech zog 1979 aus und sicherte das Herrenhaus mit einer Ringzugverankerung. Seit 2009 werden das Dach und die Fassade erneuert, die Statik gesichert und der Hausschwamm bekämpft. Finanziell helfen die Deutsche Stiftung Denkmalschutz, das Land, die Stadt Kerpen und der Schweizer Maler Balz Baechi. Godehards Sohn Severin nahm 2012 die Restaurierung und Entwicklung der Schlossanlage in die Hand. Heute beherbergt das Schloss neben dem Zuhause der Grafenfamilie einige Veranstaltungsräume und ein Café. Im Obstpark befindet sich ein Naturkindergarten.

Informationen

Der Landschaftsgarten ist frei zugänglich. Besichtigungen der Gebäude sind nur außen oder im Rahmen von vereinbarten Führungen möglich. Café Schloss Türnich mit Bio-Brunch an Sonn- und Feiertagen und Säften aus der eigenen Demeter-Landwirtschaft. Märchenhafte Hofweihnacht auf der barocken Schlossinsel an den ersten drei Adventswochenenden mit Weihnachtsmarkt, kostenlosen Kapellenführungen und Fackelwanderungen durch den nächtlichen Schlosspark.

Bei einem kurzen Spaziergang durch die Erftauen oder auf dem 8,4 km langen Rundweg „Wasserschloss und Flutkanal" erreichen Sie die Gymnicher Mühle. Dort befinden sich eine Falknerei, ein Naturparkzentrum und KM51 – Das Erftmuseum.

Kontakt

Schloss Türnich
Schloss Türnich 1
50169 Kerpen
Telefon 02237/974697 (Verwaltung), 974691 (Café)
www.schloss-tuernich.de

Schloss Wahn – Vom Hof zum Barockschloss

Als der Kölner Stadtteil Wahn noch ein winziges Dorf war, lautete sein Name vermutlich Wanda. Ein 1187 erwähntes Geschlecht hieß „De Wanda". 1358 wurde eine Burg der Familie von Revelen namens „Hoff zu Wande" urkundlich erwähnt. Wanda bedeutet Grenze und passt gut zu der ursprünglichen Wasserburg, bei der ein Wassergraben den Wohnturm, die Vorburg und den Torbau umschloss.

Zerstörung und Wiederaufbau

Wann Familie von Loë die Burg übernahm, ist nicht bekannt. Wymar von Loë verkaufte das Haus Wahn 1522 an David von Zweiffel. Ein spanisches Söldnerheer brandschatzte und zerstörte die Wasserburg 1588. Erhalten blieben einzig die Reste eines Wohnturms. In den Geschichtsbüchern tauchte Burg Wahn erst wieder auf, nachdem Wilhelm von Zweiffel 1656 ohne männliche Erben starb. Burg und Besitz gingen 1685 nach dem Tod seiner Witwe, Agnes Schall von Bell, an die Grafen Schall von Bell, die ihren Stammsitz in Horbell bei Marsdorf hatten.

Einer ihrer Nachfahren war Ferdinand Friedrich Graf Schall von Bell. Auf seine Veranlassung wurde von 1753 bis 1757 aus der traurigen Ruine der Burg Wahn ein sehenswertes Schloss. Mit der Planung hatte er vermutlich den Architekten Johann Georg Leydel beauftragt, der sich als Mitarbeiter Balthasar Neumanns mit Schlossarchitektur auskannte. Es entstand ein Gebäudekomplex im Stil des Spät-

Die eher unbekannte Parkansicht auf das Schloss.

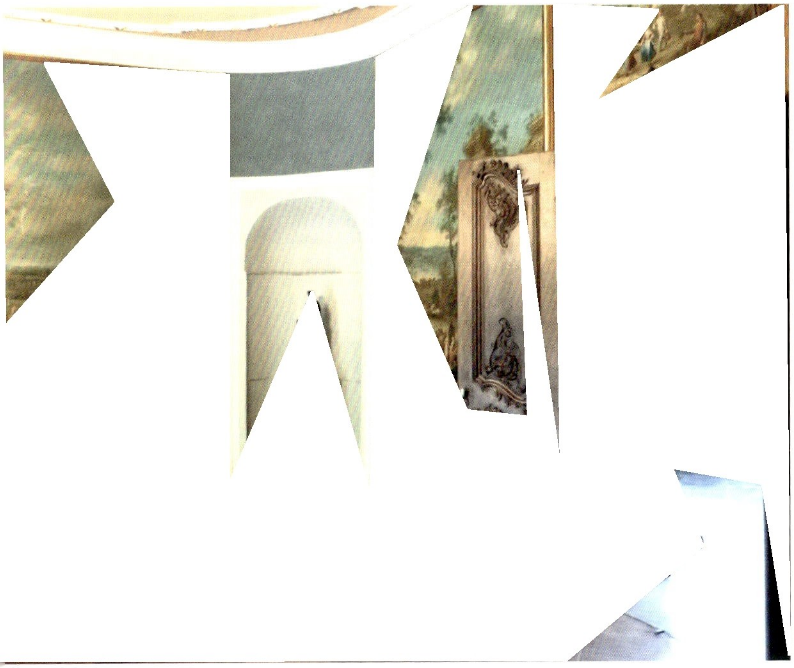

Der Gartensaal.

Das Schloss erlitt 1945 schwere Kriegsschäden. Ab 1947 wurde es an die Universität zu Köln verpachtet, die es seit 1955 für ihre Theaterwissenschaftliche Sammlung nutzt. Zur Sammlung gehören Theatralia aus ganz Europa vom 16. Jahrhundert bis heute, unter anderem das Kriegstheaterarchiv, eine Sammlung des Kölner Hänneschen-Theaters sowie die Nachlässe Karl Valentins und Willy Millowitschs.

Bei umfangreichen Renovierungen des Haupthauses wurde 1964 der südliche Quertrakt der Vorburg niedergelegt. 1988 erfolgte ein Ausbau der Remise und der Rentei. Seit 2007 ist Schloss Wahn eine Außenstelle des Standesamtes Köln. Die Trauungen finden im prächtig ausgestatteten Gartensaal statt. In diesem Raum sind die deckenhohen Ölgemälde des 18. Jahrhunderts erhalten, eine geschwungene Freitreppe führt zum Schlosspark.

Im Herbst 2018 kam Schloss Wahn in die Schlagzeilen: Die Universität zu Köln hatte die Repräsentationsräume im Erdgeschoss für ein Treffen des NRW-Ministerpräsidenten Armin Laschet mit dem türkischen Präsidenten Recep Tayyip Erdogan vermietet. Das lehnte die Familie von Eltz-Rübenach aus politischer Überzeugung ab und ließ es gerichtlich untersagen.

barock, der sich am französischen Stil der „Maison de plaisance" orientierte. Das zweigeschossige Hauptgebäude mit dem hohen Mansarddach wurde aus Backstein gemauert. Bei genauer Betrachtung ist im Osttrakt ein grobes Bruchsteinmauerwerk zu entdecken. Vermutlich wurde hier die Ruine des mittelalterlichen Wohnturms in den Neubau integriert. Gemeinsam mit drei Wirtschaftsgebäuden umschloss das Hauptgebäude den Innenhof. Als Ferdinand 1785 nach Sachsen umsiedelte, verkaufte er Schloss Wahn an die niederländische Adelsfamilie Heereman von Zuydtwyck, die in dieser Zeit auch im Rheinland und in Westfalen zu Besitz und Ansehen gekommen war.

Die Freiherren von Eltz-Rübenach

Durch Heirat gelangte das Schloss 1820 an die Freiherren von Eltz-Rübenach, die bis heute Eigentümer sind. Im Jahr 1835 erwarben sie den unmittelbar angrenzenden Eltzhof. Im Schlosspark befindet sich die Grabkapelle der Freiherren von Eltz-Rübenach. Dort liegt neben anderen Familienmitgliedern auch Paul von Eltz-Rübenach begraben. Er war von 1932 bis 1937 Reichsverkehrs- und Postminister. Der Katholik lehnte es ab, sich von Hitler während einer Kabinettssitzung das Goldene Parteiabzeichen der NSDAP verleihen zu lassen, wenn er sich bei der damit verbundenen Parteimitgliedschaft nicht von den Übergriffen der Nationalsozialisten auf die katholische Kirche distanzieren dürfe. Aufgebracht verließ Hitler den Raum und Freiherr von Eltz-Rübenach reichte umgehend seinen Rücktritt ein. Als kurz darauf seine Ehefrau Marion von Hutier das Mutterkreuz ablehnte, wurde ihm sogar die Pension gestrichen.

Informationen
Das Schloss kann nur im Rahmen von Veranstaltungen betreten werden.

Kontakt
Schloss Wahn
Burgallee 2
51147 Köln
www.schloss-wahn.com

Im Foyer des Haupthauses.

Landesburg Zülpich – Ein kurkölnischer Außenposten

In der fruchtbaren Bördelandschaft rund um das heutige Zülpich siedelten die Menschen bereits in der Jungsteinzeit gerne. Ein römisches castrum der damaligen Ortschaft Tolbiacum wurde von den Merowingern als Königspfalz genutzt, die Karolinger regierten ihren Zülpichgau von hier. Nach der Zerstörung durch die Normannen im Jahr 881 erbauten die Aachener Pfalzgrafen im 10. Jahrhundert auf den Ruinen eine neue Burg.

Kurkölnische Landesburg

Ab 953 belehnte Reichsfürst Otto (der spätere Kaiser Otto der Große) den Kölner Erzbischof mit Zülpich. Die aus der Burg Zülpich verdrängten Pfalzgrafen und ihre Nachfolger, die Grafen von Are, Hengebach und Jülich, hatten aber immer noch eine große Machtstellung in der Region. Nachdem die Grafen von Jülich im 12. Jahrhundert ein nahe gelegenes fränkisches Hofgut mit eigener Kirche übernommen hatten, begann ein schier endloser Streit um die Herrschaft über die Region rechts und links der Erft. Erzbischof Siegfried von Westerburg baute ab 1279 die bestehende Burg aus. Zugleich veranlasste er den Bau eines Wallgrabens rund um die Stadt Zülpich. Zülpich war nie eine Residenz der Erzbischöfe, sie diente allein als westlicher Außenposten des Erzstiftes und war mit einem Amtmann besetzt. Westerburg unterlag 1288 in der Schlacht von Worringen, Graf Walram von Jülich besetzte die Stadt und ließ die Burg 1299 schleifen.

Der Markgraf von Jülich errichtete 1350 auf ihren Grundmauern eine neue Burg, die bereits 1367 von Erzbischof Kuno von Falkenstein zerstört wurde. Dieser begann sofort mit einem Neubau, der unter seinem Nachfolger Friedrich von Saarwerden abgeschlossen wurde. Es entstand eine wehrhafte Kastellburg aus Backstein mit vier Türmen und ohne schmückendes Beiwerk, sie war Teil der Zülpicher Stadtbefestigung. Die geschlossene Anlage hatte vier Flügel und war von einem Wassergraben umgeben, der bis zu zwölf Meter breit war. Drei Ecken der Burg wurden mit runden Wohntürmen versehen, die bereits mit Aborten und Kaminen ausgestattet waren. Zwei davon sind noch in voller Höhe erhalten, der dritte musste im 19. Jahrhundert um zwei Stockwerke gekürzt werden. Der ebenfalls erhaltene vierte Turm hat einen quadratischen Grundriss und wurde wahrscheinlich erst im 17. Jahrhundert gebaut. Dem waren Zerstörungen im Dreißigjährigen Krieg (1618–1648) vorausgegangen. Die Soldaten des Königs Ludwig XIV. setzten die Burg 1689 im Pfälzischen Erbfolgekrieg in Brand. Trotz mehrfacher Aufbauversuche verfiel die Burg in den folgenden Jahren.

Barockbau, Brandweinbrennerei und Bildungsstätte

Erzbischof Clemens August von Bayern sah keinen strategischen Nutzen mehr in der Burg und schenkte sie 1741 seinem Schultheiß und Kellner (damals eine Bezeichnung für einen Steuerbeamten) Joseph Eberhard Wachendorf für dessen treue Dienste bei der Verwaltung Zülpichs. Dieser richtete sich den Nordturm und den angrenzenden Palas als Wohngebäude her. Das zweigeschossige Gebäude wurde im Barockstil gebaut und mit einem Mansarddach versehen.

Margaretha Katharina Wachendorf heiratete 1847 den Fabrikantensohn Heinrich Xaver Sieger. Fortan war die Burg Teil einer Brandweinbrennerei und wurde 1870 um ein Brennereigebäude ergänzt. In der Weihnachtsnacht des Jahres 1944 wurde die Landesburg schwer beschädigt. Erst im Jahr 1956 wurde mit dem Wiederaufbau begonnen, wobei die Bauherren schlichten Formen den Vorzug gaben. Im Burghof entstand eine moderne Kornbrennerei und die Außenmauern wurden bis auf Traufhöhe wiederaufgebaut. In den 1980er-Jahren endete die Produktion der hochprozentigen Spirituosen, die Gebäude standen lange leer.

Die privaten Investoren Heribert Füngeling und Dietmar Bornkessel kauften 2003 die Burganlage und restaurierten sie. Das Kesselhaus und die Lagerhallen wurden abgerissen, um die eigentliche Burg wieder sichtbar zu machen. Sie beherbergt heute Wohnungen, Gewerbe und Dienstleister, ferner den Zülpicher Geschichtsverein, die städtische Geschichtswerkstatt und einen Infopunkt für Touristen. Der Burggarten wurde für die Landesgartenschau 2014 hergerichtet und ist der Öffentlichkeit zugänglich.

Informationen

Besichtigung nur von außen oder im Rahmen einer Veranstaltung.
Gleich nebenan und sehenswert: Römerthermen Zülpich – Museum der Badekultur.

Kontakt

Landesburg Zülpich
Mühlenberg 10
53909 Zülpich
https://fuengeling.de/landesburg

Entlang des Rheins –
Eine Reise in historischen Bildern
Jörg Koch
96 Seiten, Hardcover, S/w.-Fotos
ISBN 978-3-8313-3220-5

Köln in den 50er-Jahren
Alles auf Anfang
Werner Schäfke
72 Seiten, Hardcover, zahlr. S/w.-Fotos
ISBN 978-3-8313-3293-9

Düsseldorf – Gestern und Heute
Benedikt Mauer, Andrea Trudewind
(Stadtarchiv Düsseldorf),
Ingo Lammert (Fotograf)
72 Seiten, Hardcover
zahlr. Farb- und S/w.-Fotos
ISBN 978-3-8313-3378-3

Unsere Glücksmomente –
Geschichten aus Bonn
Gigi Louisoder
80 Seiten, Hardcover
ISBN 978-3-8313-3325-7